EVA-MARIA BAST | HEIKE THISSEN

Münchner
Geheimnisse

**50 SPANNENDE GESCHICHTEN AUS
DER WELTSTADT MIT HERZ**

Zum Geburtstag nochmal alles
Liebe und Gute!
Hab Spaß beim Lesen mit dem
Büchel, vielleicht suchst du den
einen oder anderen Ort mal auf.
Liebe Grüße
Dorothea & Manfred

Bast, Eva-Maria; Thissen, Heike
Münchner Geheimnisse – 50 spannende Geschichten aus
der Weltstadt mit Herz

Edition MÜNCHNER MERKUR in Kooperation mit:
Bast Medien Service, Münsterstr. 35, 88662 Überlingen
(verantwortlich)
3. Auflage 2015.
ISBN: 978-3-9816796-7-0

Copyright: Bast Medien Service
Lektorat: Lena Bast
Covergestaltung: Jarina Binnig, Cornelia Müller
Layout: Homebase – Kommunikation & Design, Jarina Binnig
Grafik: Stefanie Kerstan, Jessica Steller
Satz: Homebase – Kommunikation & Design
Druck: werk zwei Print+Medien Konstanz GmbH

Ein Titel aus der preisgekrönten Reihe „Geheimnisse der Heimat"

Inhalt

Vorwort   7

Die Autorinnen   9

01. Geheimnis
Turmkreuz – Der Wind gibt die Richtung vor   10

02. Geheimnis
Geiselstraßen – Menschliches Lösegeld für den Schwedenkönig   13

03. Geheimnis
Bankertsbalken – Geliebter unehelicher Sohn   17

04. Geheimnis
Lamont-Grabmal – Astronom mit großem Herzen für Kinder   20

05. Geheimnis
Turmhauben – Heiligtümer kennen keine Konfession   23

06. Geheimnis
Tür am Siegestor – Ein Schlüssel zu Christian Udes Jugend   26

07. Geheimnis
Bierkrugfach 124 – Dem Hofbräuhaus auf ewig treu   30

08. Geheimnis
Bunker-Ausstieg – Was vom Luftschutz geblieben ist   34

09. Geheimnis
Arme-Sünder-Glocke – Das letzte Stündlein hat geschlagen   39

10. Geheimnis
Türkentor – Ein Name, der in die Irre führt   42

11. Geheimnis
Dallmayr-Kaufmann – Steinerner Herr und ein verlorenes Entchen   46

12. Geheimnis
Gunezrainer Brücke – Platz genug für Fuhrwerk und Lok   51

13. Geheimnis
Tellus Bavarica – Ein Diana-Tempel ganz ohne Jagdgöttin   *54*

14. Geheimnis
Innenhof – Miss Marple des Mittelalters   *58*

15. Geheimnis
Kneipp-Tafel – Unter Sternen im Brunnen gebadet   *61*

16. Geheimnis
Ehemaliger Bahndamm – Experimente im Nymphenburger Park   *65*

17. Geheimnis
Initialen – Kunst und Studenten, denen ein Licht aufgeht   *69*

18. Geheimnis
Statue – Tapferer Kämpfer ohne historisches Vorbild   *72*

19. Geheimnis
Supraporte – Ein Kurfürst und sein treuer Freund   *76*

20. Geheimnis
Kurt-Eisner-Denkmal – Jedes Menschenleben soll heilig sein   *80*

21. Geheimnis
Denkmal – Suppe, warme Unterwäsche und ein Park   *84*

22. Geheimnis
Kritzeleien – Zeichen der Sehnsucht nach Freiheit   *88*

23. Geheimnis
Grundriss im Boden – Einfache Steine für den Schönen Turm   *91*

24. Geheimnis
Skulptur – Der dunkle Teil der Kunstgeschichte   *94*

25. Geheimnis
Anthony-Perkins-Brunnen – Das schweigende Wasserspiel   *97*

26. Geheimnis
Baumreihen – Wo Soldaten schwimmen lernten   *100*

27. Geheimnis
Drei Nägel – Zwei streitende Brüder und ein geeintes Land   104

28. Geheimnis
Pestkreuz – Denkmal für die Opfer vom Schwarzen Tod   108

29. Geheimnis
Tor – Der Geschmack der Literatur   111

30. Geheimnis
Grab von Josef Pschorr – Ein Brauer mit Hang zu Experimenten   114

31. Geheimnis
Brezn – Für eine gute Tat Prügel bezogen   117

32. Geheimnis
Torpfosten – Was vom jüdischen Waisenhaus blieb   120

33. Geheimnis
Kanonenkugel – Feuernde Österreicher – gelassener Pfarrer   124

34. Geheimnis
Relief – Geschichtsträchtiger Ort hinter Mauern   127

35. Geheimnis
Treppenturm – Französisches Flair mitten in München   130

36. Geheimnis
Kreuzinschrift – Für die Toten der Eskimotragödie   133

37. Geheimnis
Münchner Freiheit – Die Einsicht kam spät – aber sie kam   136

38. Geheimnis
Grenzstein – Ein Polizist als Schutzengel   139

39. Geheimnis
Spuren im Boden – Den Hitlergruß elegant umgangen   142

40. Geheimnis
Pöppelsches Waisenhaus – Eine Heimat für arme Kinder   145

41. Geheimnis
Zollhäuschen – *Hübsche Zahlstation für Händler* 149

42. Geheimnis
Stadtmauerrest – *Femme fatale und ein ungeliebter Mann* 152

43. Geheimnis
Fenster – *Fiffi und Poldi beim Coiffeur* 156

44. Geheimnis
Torbogen – *Was vom Biedersteiner Schloss übrig blieb* 159

45. Geheimnis
Wallanlagen – *Bollwerk gegen Angreifer* 162

46. Geheimnis
Fahnenstange – *Ein Mast für ein finsteres Banner* 165

47. Geheimnis
Uhr – *Die Viertelstunde als Dreingabe* 168

48. Geheimnis
Löwen – *Berühren bringt Glück – aber warum?* 170

49. Geheimnis
Mannhardt-Grabmal – *Besser töten mit dem Fallbeil* 174

50. Geheimnis
Signum Asyli – *Sicherer Ort für Schutzsuchende* 177

Literatur, Quellen und Fotos 180

Stadtplan mit den Geheimnissen 186

Vorwort

München ist schön, zweifellos – a bisserl verwöhnt vielleicht, a bisserl schräg, aber allemal tolerant, vital und
charmant. Eine Stadt, die voller Überraschungen steckt.
München lässt niemanden kalt, fasziniert und provo-
ziert mit all seinen Widersprüchen: Boom-Town und Dorf, futuris-
tisch und folkloristisch, Bier und Champagner, mächtig und prächtig,
FC Bayern und TSV 1860.

München ist ein Magnet, Heimat für inzwischen eineinhalb Millionen Menschen. Und München ist ein Hingucker, ein Ort zum
Schauen und Schlendern, beliebtes Ferienziel. Gradmesser für die
Attraktivität der Isarmetropole ist ihre Tourismusbilanz, die jedes Jahr
nur eine Richtung kennt: nach oben. Fast 14 Millionen Gäste beherbergt die weißblaue Landeshauptstadt jährlich. Die meisten kommen,
um Bekanntes zu betrachten, Berühmtes zu bewundern: Schlösser und
Seen, Oper und Pinakotheken, Deutsches Museum und Allianz-
Arena, Leopoldstraße und Marienplatz. Andere suchen die sprich-
wörtliche Gemütlichkeit – in Biergärten, Wirts- und Kaffeehäusern,
am Eisbach im Englischen Garten oder auf der Wiesn.

Doch jenseits der imposanten Sehenswürdigkeiten birgt München auch manch ein verborgenes Geheimnis. Dazu muss man aber
schon genauer hinsehen, recherchieren und Insidern vergessenes Wissen oder rätselhafte Mysterien entlocken, wie die beiden umtriebigen
Autorinnen Eva-Maria Bast und Heike Thissen dies taten. Sie haben
sich wochenlang auf die Suche nach dem Zauber des unbekannten

München gemacht – und ihn gefunden. Das lesenswerte Resultat dieser Spurensuche sind 50 spannende Geschichten aus der Weltstadt mit Herz. Überraschende Einsichten, die Einheimische wie Touristen gleichermaßen unterhalten und bereichern.

Hier erfahren Sie, warum Sie jedem der vier Bronzelöwen vor der Residenz die Nase reiben müssen, was es mit der Zunft der türkischen Sesselträger auf sich hat oder warum die Welschen Hauben der Frauenkirche an den Islam erinnern und ein stilles Zeichen des Miteinanders der Gläubigen dieser Welt setzen. Münchens ehemaliger und langjähriger Oberbürgermeister Christian Ude verrät, wieso ihn Schüler einmal ganz schön ins Schwitzen gebracht haben und was das alles mit einer geheimnisvollen Tür im Siegestor zu tun hat. Und wir werden darüber aufgeklärt, weshalb Münchner täglich einige Münzen in die Hand einer Steinfigur am Grabmal eines Astronomie-Professors legen.

Ich freue mich, dass der Münchner Merkur als Heimatzeitung für München und Oberbayern Kooperationspartner für diese erfolgreiche und preisgekrönte Buch-Reihe ist. Für unsere Leserinnen und Leser haben wir einen Teil der 50 Heimat-Geheimnisse schon vorab im Lokalteil der Zeitung gelüftet. Nun finden Sie diese und viele andere spannende Geschichten gebündelt in diesem anregenden Geheimnis-Buch wieder. Mit ihrer wunderbaren Erzähllust nehmen uns die beiden Autorinnen mit auf eine Reise in die Seele der Stadt, berühren mit ihren Geschichten. Eine wahre Lesefreude!

Wer den Geheimnissen der Bayern-Metropole nicht nachspürt, hat ein Stück München verpasst. Also, packen Sie das Buch ein, flanieren Sie durch die Isar-Stadt, suchen, schauen, staunen und genießen Sie! Dabei und bei der Lektüre dieses Buches wünsche ich Ihnen viel Vergnügen.

Herzlichst Ihre

Bettina Bäumlisberger
Chefredakteurin Münchner Merkur & Heimatzeitungen

Die Autorinnen

Eva-Maria Bast, Jahrgang 1978, arbeitet seit 1996 für verschiedene Zeitungen und Magazine. 2011 gründete sie mit Heike Thissen das Journalistenbüro „Büro Bast & Thissen", das 2013 erweitert wurde und sich nun „Bast Medien Service" nennt. Eva-Maria Bast initiierte und schreibt die Buchreihe „Geheimnisse der Heimat", die 2011 startete, rasch zu einem regionalen Bestseller wurde und die 2015 in 22 Bänden vorliegt. 2012 wurde die Tageszeitung Südkurier für die Geheimnis-Reihe mit dem Deutschen Lokaljournalistenpreis der Konrad-Adenauer-Stiftung in der Kategorie „Geschichte" ausgezeichnet. 2012 begann Bast sich auch der Belletristik zu widmen. Mit „Vergissmichnicht" gab sie ihr Krimidebüt, „Tulpentanz" folgte ein Jahr später. Im Frühjahr 2014 erschien Teil 1 (Mondjahre) und 2015 Teil 2 (Kornblumenjahre) ihrer zeitgeschichtlichen Jahrhundertsaga. Seit Juni 2015 ist sie Gastdozentin an der Hochschule der Medien Stuttgart. Eva-Maria Bast lebt mit ihrer Familie in Überlingen am Bodensee.

Heike Thissen, Jahrgang 1980, ist seit ihrem Abitur 1999 im Journalismus zuhause. Sie hat an der Universität Leipzig und der Universidad de Valencia Diplom-Journalistik und Amerikanistik studiert und im Südkurier-Medienhaus in Konstanz volontiert. Nach mehreren Jahren als Redakteurin arbeitet sie seit 2010 als freie Journalistin für Zeitungen und Zeitschriften. Im Mittelpunkt ihrer Beiträge stehen dabei immer die Menschen, die eine lesenswerte Geschichte zu erzählen haben. 2011 schloss sie sich mit Eva-Maria Bast zum „Büro Bast & Thissen" zusammen und legt hier ihren Schwerpunkt auf die „Geheimnisse der Heimat" sowie auf Sonderveröffentlichungen, Kunden- und Mitarbeitermagazine.

Um dieses Kreuz rankt sich eine spannende Geschichte.

01 Turmkreuz

Der Wind gibt die Richtung vor

Hoch über Münchens Dächern erhebt sich ein Geheimnis. Mitten in der Stadt. Für alle sichtbar und doch von den meisten übersehen: Das Kreuz auf dem Alten Peter zeigt in die falsche Richtung! „Normalerweise haben Kreuze auf Kirchtürmen eine Nord-Süd-Ausrichtung, das heißt, dass sie mit ihrer Breitseite nach Osten und nach Westen zeigen", sagt Stadtführerin Manuela Haberl. Man betritt eine Kirche ja auch meistens von Westen her. Das Kreuz steht dann so, dass man es, wenn man in das Gotteshaus hineingeht, nicht von der Seite, sondern von vorne sieht. Es steht in gleicher Ausrichtung wie das Kreuz auf dem Altar. „Das Kreuz auf dem Alten Peter zeigt aber mit seiner Breitseite nach Norden und Süden, also mit den Querbalken-Enden nach Osten und Westen", erklärt die Münchnerin.

Bleibt die Frage nach dem Grund der falschen Ausrichtung auf dem Alten Peter. Manuela Haberl kennt zwei Varianten. Die eine befriedigt all die Gemüter, die gerne an Legenden glauben: Der Teufel persönlich, so die Sage, habe diesem Symbol des Christentums einen Fußtritt versetzt, wodurch es sich um 90 Grad drehte.

Bei der zweiten – wahren – Variante hatte eher ein Gott seine Hand im Spiel. Genauer gesagt ist es Aiolos, der Gott der Winde, der die Verantwortung trägt: Die Geschichte geht zurück ins Jahr 1875. Da neigte sich das Kreuz auf der Turmspitze 45 Zentimeter nach Osten und lief Gefahr, auf das Kirchenschiff abzustürzen. „Der Grund war, dass wir hier in einer starken Westwindzone sind, und weil das Kreuz mit seinen drei Querbalken mit seiner Breitseite in Richtung Westen stand, bot es eine große Angriffsfläche", erzählt die gebürtige Münchnerin. Pfarrarchivar Johannes Haidn hat im Archiv der Kirche gestöbert und ein Heft gefunden, in dem genau festgehalten ist, was getan wurde, um das gekippte Kreuz zu retten: „Spenglermeister Weinhart leitete die Reparaturarbeiten, bei denen sein Geselle Lorenz Wach 455-mal auf die Turmspitze stieg. Für seinen staunenswerten Wagemut wurde er in München berühmt und von König Ludwig II. mit einer Anstecknadel ausgezeichnet", ist dort nachzulesen.

„Der Grund war, dass wir hier in einer starken Westwindzone sind, und weil das Kreuz mit seinen drei Querbalken mit seiner Breitseite in Richtung Westen stand, bot es eine große Angriffsfläche."

Ausgerechnet am Geburtstag des Königs, am 25. August 1876, wurde das Kreuz wieder auf die sanierte Turmspitze gesetzt. Nun aber um 90 Grad gedreht, mit der Breitseite in Nord-Süd-Richtung, damit die Winde keine so große Angriffsfläche mehr haben.

In diesem Zusammenhang ereignete sich etwas Erstaunliches: Ganz der Tradition der Zimmerleute folgend, sprach Lorenz Wach

Manuela Haberl weiß: Dieses Kreuz ist in die „falsche" Himmelsrichtung ausgerichtet.

oben auf dem Turm den Trinkspruch, leerte sein Glas Wein und schleuderte es nach unten. Scherben? Mitnichten! Das Glas blieb heil und das, obwohl es aus 92 Metern Höhe auf einen Steinboden prallte! Es ist noch immer erhalten und befindet sich heute in der Schatzkammer von St. Peter.

Es geht erstaunlich weiter: Als die Briten in der Nacht zum 25. April 1944 einen schweren Luftangriff auf die Stadt flogen, wurde auch die Peterskirche getroffen. In der Aufzeichnung aus dem Pfarrarchiv ist zu lesen, dass „die Turmspitze von oben her zu glühen begann. Bald war der ,Alte Peter' eine Brandfackel. Doch wohl dank der Nord-Süd-Drehung stürzte das schwere Turmkreuz nicht auf das Kirchenschiff, sondern fiel zur Ecke am Marienplatz und bohrte sich tief in den Boden. Der Brand im Inneren erlosch erst nach vier Tagen, die Pfarrkirche selbst aber war noch einmal gerettet."

Hätte der Teufel mit seinem Fußtritt wirklich seine Finger – oder genauer: seine Füße – im Spiel gehabt, hätte er sich wohl teuflisch darüber geärgert, dass er damit das Gotteshaus vor einem schlimmeren Schicksal bewahrte. Aber es war ja ein göttlicher Hauch – der des Gottes der Winde – der so lange pustete, bis die Menschen ein Einsehen hatten und das Kreuz drehten. Und deshalb zeigt das Kreuz auf dem Alten Peter nur rein formal in die falsche Richtung. Für München und die Geschichte des Gotteshauses aber ist es genau die richtige.

Eva-Maria Bast

So geht's zum Turmkreuz:

Das Kreuz befindet sich auf dem Kirchturm des Alten Peter.
Es ist besonders gut vom Marienplatz aus zu sehen.

Viele Straßennamen im Stadtteil Laim erinnern an Männer,
die den schwedischen Besatzern 1632 als Geiseln übergeben wurden,
zum Beispiel an Georg Agricola …

02

Geiselstraßen

Menschliches Lösegeld für den Schwedenkönig

W as ist ein Menschenleben wert? Wenn man diese Frage mit dem schwedischen König Gustav II. Adolf (1594–1632) beantwortet, dann sind es rund 5000 Reichstaler, also grob geschätzt fast 100.000 Euro. Denn das ist der Gegenwert einer jeden einzelnen der 42 Geiseln, die er während des Dreißigjährigen Krieges (1618–1648) im Jahr 1632 aus München verschleppte. Drei Jahre mussten sie in Gefangenschaft leben, um ihrem Heimatort und vor allem ihren Familien Plünderungen, Zerstörung, Mord und Vergewaltigung zu ersparen. Im 21. Jahrhundert erinnern im Stadtplan von München und auf Straßenschildern im Stadtteil

Laim 25 Relikte an diese Männer. „Wir haben in Laim 25 Straßen, die nach den so genannten Schwedengeiseln benannt sind", erklärt Norbert Winkler vom Historischen Archiv in Laim. Dass es in München unter anderem eine Aindorfer- und eine Byecherstraße neben einer Gotthard- und einer Kirchmairstraße gibt, liegt daran, dass der Eisenhändler Johann Aindorfer und der Rotgerber Mathias Byecher genauso wie der Jesuit Joachim Gotthard und der Augustinermönch Fulgenz Kirchmair zusammen mit anderen Männern als Sicherheit für ihre Stadt an die Schweden übergeben wurden. Und dazu kam es so:

Der Dreißigjährige Krieg, in dem sich die europäischen Großmächte um die Vorherrschaft in Europa und um die Konfession streiten, ist in vollem Gange, als am Montag, 17. Mai 1632, der Schwedenkönig Gustav II. Adolf von Freising her kommend in München einzieht. Die Stadtväter haben ihm am Gasteig die Stadtschlüssel übergeben und so ihre Kooperationsbereitschaft gezeigt. Schon zwei Tage später erfahren die Bürger, was die Anwesenheit der Besatzer für sie bedeutet: Nur, wenn die Stadt 300.000 Reichstaler zahlt, bleibt sie von Brandschatzung und anderem Übel verschont. Den Münchnern ist klar: Mit den Schweden ist nicht zu scherzen. Entweder sie bringen die horrende Summe auf, oder sie sind dem Verderben geweiht. Im „Münchener Stadtbuch" aus dem Jahr 1868 schildert der Autor Josef Maria Mayer, wie jeder Bürger beisteuert, was er nur kann: „Man ging von Haus zu Haus, von Wohnung zu Wohnung, Edle und Bürger, Vornehme und Geringe, arm und reich, selbst Dienstboten gaben an Geld, was sie vermochten, ihre Schmucksachen, ihr zurückgelegtes Schatzgeld." Auch die Kirchen der Stadt und der Umgebung tragen ihren Teil dazu bei, indem sie Gegenstände aus Gold und Silber, wie Monstranzen und Kelche, hergeben. Doch die eingesammelten Gelder reichen bei weitem nicht aus, um die Forderungen der Schweden zu erfüllen: Als die Münchner alles zusammengekratzt haben, was sich an monetären und materiellen Werten nach 14 Jahren Krieg noch in ihrem Besitz befindet, sind sie gerade einmal bei 104.340 Gulden Bargeld und 40.568 Gulden Gold- und Silberschmuck angekommen – also nicht einmal bei einem Drittel der geforderten Summe.

„Wir haben in Laim 25 Straßen, die nach den so genannten Schwedengeiseln benannt sind."

Die Schweden schicken sich an, die Stadt anzuzünden und neben den vier Haupttoren auch die kurfürstliche Residenz in die Luft zu sprengen. Mayer schreibt im „Münchener Stadtbuch": „Wirklich wurden hierzu schon Vorbereitungen getroffen; es waren an den betreffenden Stellen bereits Gruben gegraben, um sie mit Pulver anfüllen zu lassen, und das an der Stadtmauer am Anger aufgeschichtete Holz war mit Stroh und Pechkränzen untermischt bereit, auf Befehl jeden Augenblick angezündet zu werden."

In letzter Sekunde lässt sich Gustav II. Adolf auf einen Deal ein: Er fordert von den Münchnern 44 Männer aus ihren Reihen, die ihm als Geiseln dienen sollen, bis die Stadt das fehlende Geld aufgetrieben hat.

„Weil zwei von den Geiseln vor dem Abtransport krank werden, nehmen die Schweden nur 42 Männer mit nach Augsburg, darunter 22 Geistliche, 14 Kaufleute und sechs Stadträte", zählt Norbert Winkler auf. Am 7. Juni 1632 zieht der König aus

… Joachim Gotthard war ebenfalls unter den Geiseln …

München ab – mit Johann Aindorfer, Mathias Byecher und all den anderen Unglücklichen im Schlepptau. Die Schweden haben plötzlich Wichtigeres zu tun, als den Münchnern zu drohen: Der kaiserliche General Wallenstein (1538–1634) und Kurfürst Maximilian I. (1573–1651) haben beschlossen, sich gegen die Eindringlinge zu verbünden – was Gustav II. Adolf zu verhindern sucht.

Die Geiseln werden nach Augsburg gebracht, dessen Bevölkerung auf Seiten der Schweden steht. Dementsprechend wüst werden die Münchner von den Einheimischen beschimpft und zum Teil sogar gequält. Das gilt auch für die Geiseln aus Landshut, Freising und Weilheim, die demselben ungewissen Schicksal ausgesetzt sind. Die Daheimgebliebenen tun unterdessen, was in ihrer Macht steht, um das fehlende Lösegeld aufzubringen und ihre Mitbürger freizukaufen. Doch es reicht noch lange nicht. Immer wieder schicken die Geiseln in ihrer Verzweiflung Abgeordnete aus den eigenen Reihen an die Isar, um dort auf ihre Situation aufmerksam zu machen. Dass einer von ihnen, der Handelsmann Martin Valpichler, sich nie wieder in Augsburg blicken lässt und seine Mitgefangenen dadurch noch größeren Repressalien aussetzt, kann man ihm rückblickend fast nicht verübeln. Auch dass Gustav II. Adolf in der Schlacht bei Lützen am 6. November 1632 ums Leben kommt, verbessert die Situation der Schwedengeiseln nicht. Denn die Verbündeten der Schweden können die Männer genauso gut gebrauchen, um von deren Heimatstädten weiterhin Geld zu erpressen.

... und Franz Sigl auch.

Erst im Jahr 1635, drei Jahre nach ihrer Gefangennahme, hat München genug Abgaben geleistet, dass die Männer an die Isar zurückkehren dürfen. Doch die 42 sind nicht mehr vollzählig: Vier der Verschleppten sind in der Gefangenschaft gestorben, ein Franziskaner ist zum Luthertum übergetreten und Martin Valpichler geflohen. Dennoch gibt es in Laim auch eine Valpichler-Straße. Denn anscheinend waren die Münchner Stadtväter Anfang des 20. Jahrhunderts der Meinung, er habe es genauso wie die anderen verdient, dass an ihn und sein Opfer für die Stadt erinnert wird. „Die meisten der 25 Straßen haben ihre Namen 1901 erhalten", erklärt Norbert Winkler. Nach welchen Gesichtspunkten ihre Namen aus den 42 ausgewählt wurden, lässt sich nicht mehr nachvollziehen. Doch stehen sie stellvertretend für alle Münchner geistlichen und weltlichen Geiseln, die mit ihrem Wert von jeweils fast 100.000 Euro die Stadt retteten.

Heike Thissen

So geht's zu den Geiselstraßen:

Alle 25 Straßen, die nach den Schwedengeiseln benannt sind, befinden sich im Stadtteil Laim, vor allem zwischen der Landsberger Straße und der Senftenauerstraße.

03

Bankertsbalken

Geliebter unehelicher Sohn

*E*r ist klein, er ist rot und er ist ungemein bedeutsam: Hoch oben am Giebel des prachtvollen Erzbischöflichen Palais befindet sich das Wittelsbacher Wappen mit seiner Vierteilung, den Rauten und den Pfälzer Löwen. Sieht man genauer hin, entdeckt man aber noch etwas anderes: einen kurzen roten Balken, der von links unten nach rechts oben führt. Und an diesem kleinen Balken lässt sich eine große Geschichte erzählen. Es ist eine Geschichte, in der Kurfürst Karl Albrecht von Bayern (1697– 1745) eine Hauptrolle spielt. Der war als Karl VII. immerhin von 1742 bis 1745 Kaiser des Heiligen Römischen Reiches. „Und außerdem", sagt Stadtführerin Carola Kühberger, „war das einer, der den Damen gern hinterherschaute, obwohl er eine wunderschöne Frau hatte."

Besonders angetan hatte es ihm die Hofdame Maria Caroline Charlotte Sophie von Ingenheim (1704–1749). Mit ihr zeugte er zunächst eine Tochter, die 1720 geborene Maria Josepha, spätere Comtesse de Hochenfels de Bavière, und dann einen Sohn: 1723 wurde Franz Ludwig geboren und, obwohl er ein uneheliches Kind war, am 4. Oktober 1728 unter dem Geschlechtsnamen der Grafen von Holnstein von seinem Vater in den Adelsstand erhoben und legitimiert. Maria Caroline Charlotte Sophie von Ingenheim heiratete drei Tage, bevor Franz Ludwig das Licht der Welt erblickte, mit dem Segen ihres Geliebten den kurfürstlichen Kammerherrn Graf Hieronymus von Spreti.

Nun aber zum roten Balken im Wappen dieses Wittelsbachers: Bei dem Erzbischöflichen Palais handelt es sich um das im Barockstil erbaute vierflügelige Palais Holnstein, das der Kurfürst in den Jahren 1735 bis 1737 für seinen unehelichen Sohn errichten ließ. Und an den Giebel ließ er das Wittelsbacher Wappen setzen. Mit dem roten Balken. „Die Kurfürsten konnten ihre illegitimen Kinder zwar in den Adelsstand erheben, aber die hatten nie einen Anspruch auf die Thronfolge."

Carola Kühberger vor dem Erzbischöflichen Palais, an dessen Giebel sich das Wappen mit dem Bankertsbalken befindet.

Und genau das, sagt Carola Kühberger, werde durch den roten Balken angezeigt. „Das ist der Bankertsbalken, denn in Bayern sagt man zu unehelichen Kindern ‚Bankert‘ ", erklärt sie. In der Heraldik werden die Bankertsbalken auch als „Bastardfaden" bezeichnet. Meistens überziehen sie den ganzen Schild und führen immer von links unten nach rechts oben – anders herum wäre es ein Schrägrechtsfaden, mit dem häufig Nebenlinien angezeigt wurden. Die kürzere und dickere Version des Bastardfadens, wie sie an dem Münchner Palais zu sehen ist, wird als „Einbruch" bezeichnet, hat aber die gleiche Bedeutung.

Auch wenn er von der Thronfolge ausgeschlossen war: Franz Ludwig von Holnstein (1723–1780) hatte trotzdem ein erfolgreiches Leben. Er ging zum Militär, war im Österreichischen Erbfolgekrieg (1740–1748) Generaladjutant und führte seit 1753 als Generalwacht- meister zwei bayerische Regimenter, die nach ihm benannt wurden. Im Siebenjährigen Krieg (1756–1763) war er 1758 bis 1760 Oberkommandierender des Bayerischen Reichs- kontingents, erst als Generalmajor, dann als Generalleutnant. 1760 schied er aus dem Militär aus und wurde kurfürstlicher Statthalter der Oberpfalz, dann 1768 Reichsgraf und Feldmarschall-Leutnant der Reichsarmee.

„Das ist der Bankertsbalken, denn in Bayern sagt man zu unehelichen Kindern ‚Bankert'."

Vor allem aber war er Ahnherr der Grafen von Holnstein. Und die führen das Wappen noch heute. Mit rotem Balken.

Eva-Maria Bast

....

So geht's zum Bankertsbalken:

Der Bankertsbalken befindet sich im Wittelsbacher Wappen am Giebel des Erzbischöflichen Palais. Dieses steht in der Kardinal-Faulhaber-Straße 7.

In die ausgestreckte Hand von Johann von Lamont legt Josef Krause einige Münzen, die sich später Kinder oder andere Bedürftige abholen dürfen.

04
Lamont-Grabmal
Astronom mit großem Herzen für Kinder

Wenn Josef Krause auf dem Bogenhauser Friedhof unterwegs ist, hat er immer ein paar Münzen einstecken. Dieses Kleingeld ist nicht für die Kollekte in der Kirche bestimmt und auch nicht für den Frühschoppen nach dem Gottesdienst, sondern für das Grabmal von Johann von Lamont (1805–1879). Krause ist damit einer von jenen, die dem längst verstorbenen schottisch-deutschen Physiker und Astronomen dabei helfen, seinen letzten Willen in die Tat umzusetzen. Wie das?

„Das Grabmal von Lamont sieht von weitem aus, als sei der Verstorbene als Relief dargestellt", erklärt das passionierte Mitglied des Vereins für Münchner Stadtteilkultur im Münchner Nordosten. „Aber wenn man nah genug rangeht, sieht man, dass seine rechte Hand aus dem Bild herausragt." Dass Lamont auf seiner letzten Ruhestätte so dargestellt ist, ist kein Zufall. Denn er soll testamentarisch festgelegt haben, dass der Mesner der Bogenhauser Georgskirche täglich einige Münzen in die offene Hand an seinem Grab legt – bezahlt aus Lamonts Privatvermögen. Diese sollten sich dann bedürftige Kinder dort abholen können. „Die Geschichte ist zwar nicht historisch belegt, würde aber sehr gut zum freizügigen Wesen des Wissenschaftlers passen", sagt Josef Krause schmunzelnd. Diese Großzügigkeit zeigte der Physiker nicht erst nach seinem Tod, sondern auch schon zu seinen Lebzeiten.

Geboren wird Johann von Lamont 1805 in Schottland und heißt folglich eigentlich John Lamont. Ein Stipendium bringt ihn nach Deutschland, wo er in Regensburg das Gymnasium besucht und wegen seiner mathematischen und naturwissenschaftlichen Begabung auffällt. Das ist auch der Grund dafür, dass er 1827 als junger Mann in der Sternwarte Bogenhausen eine Stelle als Gehilfe von Johann Georg von Soldner (1776–1833) antreten kann. Zusammen sollen die beiden das Königreich Bayern neu katastrieren – also die Grundstücksverzeichnisse auf Vordermann bringen. Von da an geht es mit seiner Karriere steil bergauf. Nach dem Tod Soldners wird er erst kommissarischer Leiter der Sternwarte, später dann deren Konservator. Außerdem ist er Mitglied der Bayerischen Akademie der Wissenschaften und ab 1853 Professor für Astronomie an der Ludwig-Maximilians-Universität. In all den Jahren muss er sich in Bogenhausen sehr wohl gefühlt haben. Schließlich ist überliefert, dass er den heutigen Münchner Stadtteil, der damals noch ein kleines Dorf war, nur selten verlässt. Und wenn, dann für seine wissenschaftlichen Reisen. Die werden nötig, weil Lamont sich schon früh für die Erforschung des Erdmagnetfelds interessiert und mit einem von ihm selbst entwickelten Messgerät regionale Magnetfelder untersucht. Anhand seiner Daten erstellt er dann die ersten Landkarten für Erdmagnetismus, die es in Mitteleuropa gibt. „Einsam, aber glücklich, lediglich von einer alten Haushälterin bedient, von den Bewohnern Bogenhausens verehrt, lebte Lamont ausschließlich für die Wissenschaft; nach München verfügte er sich nur, um seine Vorlesungen zu halten", ist in einer Biografie zu lesen.

„Wenn man nah genug rangeht, sieht man, dass seine rechte Hand aus dem Bild herausragt."

Im Dienst für die Wissenschaft verstorben: Johann von Lamont forschte bis zu seinem Tod zum Thema Erdmagnetismus.

König Ludwig II. (1845–1886) erhob ihn unter dem Namen Johann von Lamont in den persönlichen Adelsstand, und noch heute ist auf dem Mond und dem Mars jeweils ein Krater nach ihm benannt: Das dürfte ihn gefreut haben. Wichtig war es dem bescheidenen Schotten vermutlich nicht. Etwas anderes zählte für ihn hingegen sehr wohl: So wie er in den Genuss eines Stipendiums gekommen war, das sein Leben verändert hatte, wollte er diese Chance auch anderen geben. „Er vermachte schon zu Lebzeiten sein beträchtliches Vermögen der Universität München, die damit Stipendien für Studierende der Astronomie, Physik und Mathematik ermöglichen sollte", erklärt Josef Krause. Nach 51 Jahren Mitarbeit an der Bogenhauser Sternwarte starb Lamont am 6. August 1879 an seinem Arbeitsplatz.

Mehr als 130 Jahre nach seinem Tod ist es längst nicht mehr der Mesner der Bogenhauser Kirche, der auf dem Friedhof Münzen in Lamonts steinerne Hand legt. Das dafür vorgesehene Vermögen ist seit langer Zeit aufgebraucht. Heute sind es Menschen wie Josef Krause, die das Erbe Lamonts weiterführen. Wer das Geld dann abholt? „Ob das nun Kinder sind oder bedürftige Personen, finde ich gar nicht so wichtig", erklärt Krause. „Ich bin mir sicher, dass es jemand ist, der es sich verdient hat."

Heike Thissen

So geht's zum Lamont-Grabmal:

Das Grabmal mit der Hand, in der die Münzen liegen, steht auf dem Friedhof Bogenhausen gleich links neben dem Eingang in der Neuberghauser Straße. Der Friedhof liegt am Bogenhauser Kirchplatz 1.

Christopher Weidner (rechts) und Mario Max kennen die ungewöhnliche Geschichte der Frauenkirchen-Hauben.

05

Turmhauben
Heiligtümer kennen keine Konfession

Es ist einfach atemberaubend, wie sich die Türme der spätgotischen Domkirche, besser bekannt als Frauenkirche, in den Himmel recken. Wer aber in der Kunstgeschichte bewandert ist, für den ist der Blick nach oben mit einem Fragezeichen verbunden: Warum sind die Hauben der Frauenkirche rund? Derartige Hauben gibt es in Bayern zwar recht oft, aber erst seit dem Barock und nicht schon in der Gotik, in der die Türme stets spitz waren. Genau wegen dieser Besonderheit, erläutert Stadtführer Christopher Weidner, würden die Turmabschlüsse auch „Welsche Hauben" genannt. „Welsch war in der damaligen Zeit ein Ausdruck für fremdartig: französisch, spanisch, italienisch – daher stammt auch der Begriff Kauderwelsch."

Kunsthistoriker hätten sich mit der Frage, warum die Hauben rund sind, lange beschäftigt, erzählt Weidners Kollege Mario Max. „Es gab sogar im 19. Jahrhundert Bestrebungen, den Turmabschluss rückgängig zu machen beziehungsweise einen Abschluss mit spitzen Hauben zu schaffen." Inzwischen sei die Wissenschaft ein großes Stück weiter: „Man geht davon aus, dass den Hauben ein Irrtum zugrunde liegt", sagt Max. Um diesen Irrtum zu erklären, muss etwas weiter ausgeholt werden: Der Bau der Frauenkirche erfolgte in den Jahren 1468 bis 1488 unter Jörg von Halspach oder von Halsbach (1441–1488). „Die Turmspitzen waren damals aber noch nicht fertig", erklärt Christopher Weidner. Im Landshuter Erbfolgekrieg (1504/05) erwies sich das als ungemein praktisch, denn nun konnten auf den Stümpfen Kanonen postiert werden.

Stolz recken sich die Türme der Frauenkirche in den Himmel. Doch warum sind ihre Hauben rund?

Und was war mit den Hauben? Wartete man damit bis zum Barock? Im Gegenteil! Möglicherweise schaute man sich im Barock die für Bayern so typische Zwiebelhaubenform sogar von München ab. „Man vermutet, dass Architekt Halspach einen Holzschnitt sah, den der Domherr von Mainz, Bernhard von Breydenbach, im Jahr 1486 in seinem populären Reisebericht ‚Pilgerreise ins Heilige Land' veröffentlicht hatte", sagt Mario Max.

Auf einem dort gezeigten Holzschnitt ist Jerusalem zu sehen – mit dem prachtvollen Felsendom. „Dieser ist als Tempel Salomons beschriftet", erklärt Weidner. Es handelte sich bei dem als Tempel Salomons beschrifteten Bauwerk also in Wirklichkeit um den Felsendom, einen besonders heiligen Ort der Muslime, nämlich den Ort, an dem Mohammed seine Himmelfahrt antrat. Eine Verwechslung?

Das ist dem hochgebildeten Breydenbach eigentlich nicht zuzutrauen. Weidner schreibt dazu in einem Aufsatz: „Doch schon zu biblischen Zeiten war dieser Ort ein heiliger Platz, denn der Tempel Salomons soll sich dort befunden haben. Breydenbach deklariert die Moschee deshalb erfolgreich als ‚templum Salomonis'. Baumeister Halspach dürfte das Buch gekannt haben, und Historiker gehen davon aus, dass es ihm als Inspiration für den Entwurf der Turmbekrönung seiner Frauenkirche diente."

Auch Mario Max findet es schlüssig, dass der Architekt sich dachte: Wenn das der Tempel Salomons ist, dann will ich diese Hauben auch auf die Frauenkirche setzen: „Gott selber, so heißt es, habe die Architektur des Tempels Salomon bestimmt, ein göttlicheres Bauwerk könne es nicht geben. Es war der Inbegriff des Allerheiligsten."

Halspach selbst sollte den Abschluss des Baus nicht mehr erleben: Wegen des Landshuter Erbfolgekriegs musste die Baumaßnahme unterbrochen werden, der Architekt segnete das Zeitliche und sein Schüler Lukas Rottaler stellte die Hauben 1525 fertig.

„Wahre Heiligtümer kennen eben keine Konfession."

So wurde also mitten in der bayerischen Landeshauptstadt ein Gotteshaus geschaffen, das an seinen höchsten Punkten auf den Islam verweist. Und von hier aus flog diese stumme Botschaft durch ganz Bayern, als im Barock immer mehr Zwiebeltürme entstanden. Ein wunderbares, stilles Zeichen des Miteinanders der Gläubigen dieser Welt. „Wahre Heiligtümer", sagt Christopher Weidner, „kennen eben keine Konfession."

Eva-Maria Bast

....

So geht's zu den Hauben:

Die Welschen Hauben, die die Türme der Frauenkirche zieren, sind von vielen Punkten Münchens aus zu sehen.

06

Tür am Siegestor
Ein Schlüssel zu Christian Udes Jugend

Manche Dinge wiederholen sich immer wieder. So auch der Umstand, dass ein breites Lächeln auf Christian Udes Gesicht tritt, wenn er am Siegestor vorbeifährt, das die Maxvorstadt von Schwabing trennt. Der ehemalige Münchner Oberbürgermeister, den, ungeachtet der Tatsache, dass er 2014 in den Ruhestand ging, immer noch fast alle Münchner mit „Herr Oberbürgermeister" ansprechen, lächelt nicht etwa deshalb, weil er den Triumphbogen so schön findet. Nein, es ist eine Jugenderinnerung, die die Mundwinkel des überzeugten Schwabingers stets zum Zucken bringt.

„In das Tor kann man hineingehen. Das weiß keiner, da kommt man nicht drauf, weil es keine Fenster gibt."

Doch zunächst einmal ein paar Fakten zum Siegestor: Geplant wird es vom königlichen Architekten Friedrich von Gärtner (1791–1847), inspiriert vom Konstantinsbogen in Rom. 1843 beginnt man mit dem Bau, der 1850 fertiggestellt ist. Auftraggeber ist König Ludwig I. (1786–1868), er will *„Dem bayerischen Heere"* ein Denkmal setzen, weil es in den Befreiungskriegen gegen Napoleon siegreich blieb. Bei Fertigstellung des Tores ist Friedrich von Gärtner bereits tot – sein Schüler Eduard Metzger hat den Bau weitergeführt – Ludwig I. hat zugunsten seines Sohnes Maximilian abgedankt. Dieser ist es dann auch, der den Triumphbogen im Namen seines Vaters der Stadt München übergibt.

Seit Ende des 19. Jahrhunderts und bis 1971 fährt die Straßenbahn durch das große mittlere Portal. Im Zweiten Weltkrieg wird das Siegestor stark beschädigt und trägt nach dem Wiederaufbau zusätzlich die Inschrift: *„Dem Sieg geweiht, vom Krieg zerstört, zum Frieden mahnend"*. Die Botschaft ist klar: Was bringt ein Sieg, solange es Kriege gibt? Nur durch Frieden kann man dauerhaft glücklich werden.

All das war freilich lange vor Christian Udes Zeit – wobei: nicht ganz! Dass die Straßenbahn hindurchfuhr, daran kann er sich gut erin-

Mit dieser Tür verbindet Christian Ude ein spannendes Erlebnis aus seiner Jugend.

nern. Zwar nicht als Oberbürgermeister hat er das erlebt, aber als Schwabinger Bub und auch noch als junger Mann. Und zur Zeit des Schwabinger Buben spielt auch die Geschichte, die ihn jedes Mal zum Schmunzeln bringt, wenn er am Siegestor vorbeikommt. „In das Tor kann man nämlich hineingehen", lüftet Ude das Geheimnis. „Das weiß keiner, da kommt man nicht drauf, weil es keine Fenster gibt." Und

Prachtvoll: das Münchner Siegestor.

auch, weil man die Tür nur recht schwer entdeckt. Zumal man um das Siegestor ja nicht einfach so zu Fuß herumspaziert, sondern es im Kreisverkehr im Auto umrundet. „Als ich noch Schüler am Oskar-von-Miller-Gymnasium war, hatte ich einen Klassenkameraden, der einen Schlüssel zu dieser Tür besaß. Besser gesagt: Sein Vater, der beim Baureferat arbeitete, hatte einen Schlüssel", korrigiert sich Ude. „Und eines Tages hat er ihm den stibitzt und wir haben im Siegestor eine Party gefeiert. Mit Taschenlampen, ein paar Flaschen Wein." Der Politiker macht eine kurze Pause und fügt dann schmunzelnd hinzu, dass ein paar Mädchen vom Sophie-Scholl-Gymnasium auch dabei gewesen seien. Es sei ein beeindruckendes und auch ein wenig unheimliches Erlebnis gewesen. „Der Raum befindet sich ganz oben, oberhalb der Bögen, eine Zickzacktreppe führt hinauf. Er ist sehr hoch und es war sehr dunkel, wir hatten nur Taschenlampen dabei und haben die Decke nicht gesehen." Was der Party noch das gewisse Etwas verlieh.

„Und als ich dann OB war, wollte ich einer Schulklasse, die einen Schwabing-Wettbewerb gewonnen hatte, eine einmalige, unbezahlbare Freude machen", gesteht er. Nein, der damalige Oberbürgermeister erlaubte keiner Klasse, ihre Abifeier im Siegestor abzuhalten – wobei das im Nachhinein wahrscheinlich für seine Nerven schonender gewesen wäre als das, was er stattdessen tat: „Man kann nicht nur in das Siegestor hinein, man kann auch auf das Dach klettern", berichtet er. „Die Tür befindet sich im Sockel der Quadriga. Und ich dachte mir, dass das für die Kinder ein tolles Erlebnis sein muss, ein Mal auf dem Siegestor zu stehen." Im Vorfeld habe es zahlreiche Ortstermine mit besorgten Eltern gegeben, „und wir haben eine weiße Kreidelinie mit einem guten Abstand zum Rand gezogen, die die Kinder nicht überschreiten durften". Daran hielten sich die aufgeregten Schüler aber nicht – Christian Ude wird es immer noch ganz anders, wenn er daran denkt. „Die Kinder waren außer Rand und Band, die sind auf dem Siegestor rumgetobt, das kann man sich gar nicht vorstellen", erinnert er sich schaudernd. „Sie sind über die weiße Linie rüber und haben Fangermanderl gespielt. Wir Erwachsenen waren nur damit beschäftigt, sie irgendwie im Zaum zu halten. Das war die schlimmste Stunde meiner Amtszeit."

Den Erwachsenen gelang es, alle Kinder wohlbehalten wieder nach unten zu bringen. Christian Udes schöne Erinnerung an die Jugendzeit wurde durch das Erlebnis zum Glück nicht getrübt! Er lächelt noch immer, wenn er am Siegestor vorbeifährt.

Eva-Maria Bast

....

So geht's zum Siegestor:

Das Siegestor steht in der Leopoldstraße 1 an der Kreuzung zur Akademiestraße. Die Tür befindet sich im äußeren Durchgang.

07

Bierkrugfach 124
Dem Hofbräuhaus auf ewig treu

Der Bierkrugtresor im Münchner Hofbräuhaus ist legendär. Wer hier ein Fach für seinen steinernen Krug ergattert hat, gehört zum engsten Kreis der Stammgäste im berühmtesten Brauhaus der Welt. 616 Fächer gibt es, 3500 registrierte Stammgäste warten darauf, eines von ihnen zugewiesen zu bekommen. Doch nur wenn eines frei wird, kann ein neuer Besitzer es belegen. Und in einem seltenen Fall noch nicht einmal dann. Denn das Bierkrugfach mit der Nummer 124 wird so bald an keinen neuen Stammgast gehen, und das, obwohl sein Besitzer schon im Frühjahr 2012 gestorben ist.

„Seit den 1970er-Jahren haben wir die Maßkrugtresore hier in der Schwemme stehen", erklärt Sabine Barthelmeß. 616 Fächer, jedes mit einem eigenen Schloss versehen, enthalten die Bierkrüge von ebenso vielen Stammgästen. Die Pressesprecherin des Hofbräuhauses erklärt das Prozedere: „Jeder Stammgast hat seinen eigenen Schlüssel und holt seinen Krug aus dem Fach, wenn er ins Hofbräuhaus kommt. Er muss ihn erst spülen und stellt ihn dann auf den Tisch. Die Bedienung nimmt ihn mit, füllt ihn am Tresen auf und bringt ihn wieder zurück." Am Ende muss der Gast selbst dafür sorgen, dass der Bierkrug sauber wieder ins Fach gelangt. Jeder der 3500 Stammgäste würde gern zu denen gehören, die ihr Bier aus einem so genannten Keferloher aus Steingut trinken und nicht – wie alle anderen Gäste aus nah und fern – aus einem Glaskrug. Deswegen müssen Anwärter bis zu drei Jahre warten, bis sie einen freien Platz erhalten. Dann zahlen sie drei Euro Miete im Jahr und dürfen ihren Bierkrug einschließen – wenn sie wollen, bis zu ihrem Tod – oder darüber hinaus, wie Ludwig Aidelsburger vom Stammtisch „Wuide Rundn".

Der Besitzer von Bierkrugfach 124 im Tresor am Durchgang zum Salettl besaß mehr als 60 Jahre Stammgasterfahrung im Hofbräuhaus, bevor er im Alter von 92 Jahren starb. „Aidelsburger war Ehrenstamm-

gast und kam seit 1949 regelmäßig hierher", erklärt Sabine Barthelmeß. Er habe als Elektriker nach dem Zweiten Weltkrieg beim Wiederaufbau des Residenztheaters mitgearbeitet. Um den Frauen daheim
das Kochen zu ersparen und sich von der anstrengenden Arbeit zu
erholen, hätten er und seine Kollegen sich das Hofbräuhaus als Treffpunkt auserkoren, erklärte er einmal in einem Interview. Seither kam er fast jeden Freitag, um mit den anderen aus der wilden Runde seine Maß zu trinken. Der Name, so Aidelsburger, sei daraus entstanden, dass der Stammtisch in seinen Anfangsjahren aus sehr unterschiedlichen Berufs-gruppen zusammengesetzt war. Ein zusammengewürfelter Haufen seien sie gewesen – eine „wuide Rundn" eben. Und damit es bei den wilden Runden nicht allzu wild zuging, habe er unbedingt auf einem Zinndeckel für seinen Bierkrug bestanden: Er wollte auf jeden Fall verhindern, dass ihm jemand in sein süffiges Hofbräu-Bier spuckt. Diese Gefahr ist längst gebannt. Sein Bierkrug wird seit sei-nem Tod nur noch vierteljährlich aus dem Tresor genommen, von den Mitarbeitern gereinigt und wieder zurückgestellt, damit er nicht zu sehr einstaubt und dadurch die Krüge in den Nachbarfächern verschmutzt.

Ein Platz in einem der drei Bierkrugtresore ist bei den Stammgästen sehr begehrt. Doch nur die wenigsten dürfen ihren Krug hier deponieren.

Der Ehrenstammgast Ludwig Aidelsburger war einfach zu treu und zu besonders, als dass man ihn im Hofbräuhaus ziehen lassen würde, nur deshalb, weil er gestorben ist.

Im Vergleich zum Hofbräuhaus, das an seinem heutigen Platz von Herzog Maximilian I. (1573–1651) im Jahr 1607 als herzogliches

Weißbierbrauhaus errichtet wurde, sind die Bierkrugtresore noch sehr jung. In der Schwemme, wo einst Bier gebraut wurde und es heute nur noch getrunken wird, stehen drei davon. Das Antragsritual für einen Platz klingt unkompliziert und einfach. Anwärter müssen Stammgäste sein und nachweislich regelmäßig ins Hofbräuhaus kommen. Der Antrag erfolgt mündlich beim Betreuer der Stammgäste. Der erkundigt sich beim Stammtisch, ob der Antragsteller denn ein geeigneter Kandidat sei. Und dann beginnt die Wartezeit.

„Es kommt kaum vor, dass ein Interessent, der es ernst meint, abgelehnt wird."

Wer ein Fach erhalten hat, muss auch einiges dafür tun, dass er es behalten darf. Er muss regelmäßig vorbeikommen und seinen Bierkrug benutzen. Und er sollte die Miete pünktlich zahlen. Zwischen 1. Januar und 31. März jeden Jahres werden die drei Euro fällig. Wer den Termin versäumt, erhält eine Mahnung. Wer dann nicht schnell genug reagiert, verliert sein Privileg. Ein Anrecht auf einen Platz im Bierkrugtresor gibt es nicht. Er wird weder vererbt noch verschenkt oder übertragen – jeder interessierte Stammgast muss sich bewerben. „Es kommt aber kaum vor, dass ein Interessent, der es ernst meint, abgelehnt wird", erklärt Sabine Barthelmeß.

Ein langer Atem, viele Besuche im Hofbräuhaus und noch mehr Maß Bier sind also nötig, um ein Fach im Bierkrugtresor zu ergattern. Das von Ludwig Aidelsburger jedoch ist für alle Anwärter tabu.

Heike Thissen

....

So geht's zum Bierkrugfach 124:

Alle drei Bierkrugtresore stehen in der Schwemme im Hofbräuhaus (Platzl 9). Zwei davon gleich hinter dem Eingang links, einer im Durchgang zum Salettl. In diesem liegt auch der Bierkrug von Ludwig Aidelsburger in Fach 124.

08

Bunker-Ausstieg

Was vom Luftschutz geblieben ist

E s sind nur zwei Blöcke aus Beton, die zu einer kleinen Hütte aufeinander gestapelt an der Hauswand in der Nibelungenstraße 18 stehen. Sie sind schlicht, grau und nicht sonderlich schön anzusehen. Doch für Franz Schröther von der Neuhauser Geschichtswerkstatt ist dieser kuriose Bau eines der letzten Relikte, das an die Luftangriffe auf seine Heimatstadt im Zweiten Weltkrieg erinnert. Schließlich handelt es sich bei der Konstruktion um den überdachten Notausgang eines Luftschutzkellers!

„Ich erinnere mich noch daran, dass es in meiner Kindheit im ganzen Stadtviertel zahlreiche solcher Ausgänge gab. Aber die meisten sind im Lauf der Jahrzehnte verschwunden", sagt der passionierte Heimatforscher. Zweck der Betonkonstruktionen sei es gewesen, die Menschen vor herabstürzenden Teilen oder Dächern zu schützen, wenn sie aus einem Luftschutzkeller fliehen mussten. Der öffentliche Luftschutzraum im Gebäude der Nibelungenstraße 18 war für 95 Personen ausgelegt und verfügte über künstliche Belüftung. „Das Gebäude wurde Ende der 1920er-Jahre errichtet.

„Ich vermute, dass der Raum im Keller Ende der 1930er-Jahre, spätestens aber 1940 eingerichtet wurde."

Aber auf Bildern aus dem Jahr 1936 ist der Notausgang noch nicht zu sehen. Ich vermute, dass der Raum im Keller Ende der 1930er-Jahre, spätestens aber 1940 eingerichtet wurde", erklärt Schröther.

Denn mit dem „Führererlass" vom 19. Oktober 1940 waren 58 kriegswichtige Städte dazu aufgefordert worden, auf der Stelle den Luftschutz für die Bürger zu verbessern. „Bis 1940 war die Münchner Bevölkerung weitgehend den beginnenden englischen Nachtangriffen schutzlos ausgeliefert", schreibt der Experte für zivile Luftschutzanlagen, Karlheinz Kümmel, in einem Beitrag über Neuhausen-Nymphenburg. Bis ins zweite Kriegsjahr hinein habe die „Hauptstadt der Bewegung", wie Hitler seine Lieblingsstadt in Süddeutschland nannte,

Franz Schröther von der Neuhauser Geschichtswerkstatt kniet unter dem Bunker-Ausstieg.

keine öffentlichen Luftschutzbunker und nur sehr wenige öffentliche Luftschutzräume besessen. „Erst mit den vermehrten englischen Luftangriffen, militärisch unterstützt durch Amerika, konnten die Engländer weiter entfernte Flugziele im Reichsgebiet (…) verstärkt und mit größeren Bombenzuladungen erreichen", fährt Kümmel fort. Zu diesen entfernten Zielen gehörte auch München – mit fatalen Auswirkungen für die Stadt und ihre mehr als 800.000 Bewohner.

73 Luftangriffe sind vor allem aus den letzten Kriegsjahren verzeichnet. 30 von ihnen waren Großangriffe, bei denen insgesamt rund 25.000 Tonnen Spreng- und Brandmunition über der Stadt abgeworfen wurden. Am Ende war die Altstadt zu rund 90 Prozent, die gesamte Stadt zu etwa 50 Prozent zerstört. „Für die Planungsstäbe der Alliierten war der Großraum München ein lohnendes Ziel, und dies bei weitem nicht nur wegen der symbolischen und politischen Bedeutung für die herrschenden Nationalsozialisten als Hauptstadt der Bewegung", erklärt Irmtraud Eve Burianek in ihrer Dissertation über den Luftkrieg in der Landeshauptstadt. Mehrere Bahnhöfe und Flughäfen befanden sich hier, die einen Verkehrsknotenpunkt für den Nachschub an die Front bildeten. Etliche Hersteller für die Rüstungsindustrie produzierten auf dem Stadtgebiet Motoren und Getriebe für Flugzeuge und U-Boote. Chemiefabriken stellten die Wirkstoffe für verheerende Bomben her. Und die Nationalsozialisten verehrten die Stadt an der Isar. Es gab für die Alliierten also viele Gründe, München ins Visier zu nehmen.

Wer den Zweiten Weltkrieg miterlebt hat, hat viele dieser Betonbauten gesehen. Jüngere Generationen können sie nicht mehr deuten.

Dennoch blieb die Metropole bis August 1942 von Luftangriffen weitgehend verschont. Die technologischen und navigatorischen Möglichkeiten der Alliierten reichten noch nicht aus, um der Stadt aus der Luft Schaden zuzufügen. Das änderte sich in der Nacht vom 19. auf den 20. September 1942, als in Großbritannien 89 Maschinen starteten, um 160 Tonnen Munition auf München abzuwerfen. 143 Münchner starben, 413 wurden verletzt. Von da an nahmen die Luftangriffe zu.

Spätestens jetzt war der Luftschutzkeller in der Nibelungenstraße 18 häufig in Gebrauch. So mit Sicherheit auch in der Nacht von Sonntag auf Montag am 17. Dezember 1944, als München eine seiner schlimmsten Bombennächte erleben sollte. Drei Mal waren die Bürger tagsüber bereits in die Luftschutzkeller gerannt, um sich in Sicherheit zu bringen. Drei Mal hatte das Luftgaukommando wieder Entwarnung gegeben. Doch die Entspannung währte nur bis 21.26 Uhr, als erneut eine öffentliche Luftwarnung ausgegeben wurde. Die Nachricht war verstörend: 300 Bomber seien von Südwesten her auf dem Weg an die Isar, hieß es.

Knapp 20 Minuten später haben die ersten von ihnen Münchens Westen erreicht, um 21.51 Uhr detoniert die erste Bombenserie zwischen Hauptbahnhof und Sendlinger Tor. Zusammengepfercht kauern die Münchner in ihren Luftschutzkellern – oder wohin sie in der Hast eben gerannt sind – und wissen nicht, was über ihren Köpfen passiert. Nur so viel ist sicher: Es muss Schreckliches sein. „In dieser sternklaren Vorweihnachtsnacht regneten auf die Stadt etwa 75 Luftminen, 200 Sprengbomben, 3000 Flammstrahlbomben, 75.000 Brandbomben, 204 Zielmarkierungs- und 288 Leuchtbomben. Eine Ladung von insgesamt fast tausend Tonnen", erinnert sich Autor und Journalist Karl Stankiewitz, der den Angriff selbst miterlebt hat.

Mehr als zwei Stunden lang können die Menschen im Bunker die Detonationen hören und deren Erschütterungen spüren. Dann kriechen sie vorsichtig aus ihren Verstecken – teilweise durch die überdachten Notausgänge vor herabfallenden Teilen geschützt – und fangen an zu begreifen, was passiert ist: 1658 große und kleine Brände lodern über die ganze Stadt verteilt und schwelen noch Tage später. Beißender Rauch taucht ganze Viertel oder vielmehr das, was von

ihnen noch übrig ist, in ein bedrohliches Dunkel. Der Strom ist aus-
gefallen. „Mehr als 1000 Gebäude wurden durch Sprengbomben und
709 durch Brandbomben völlig zerstört, rund 1500 weitere schwer
beschädigt. 49.000 Münchner wurden über Nacht obdachlos", zählt
Stankiewitz auf. Worauf die Menschen einst so stolz waren, das steht
nicht mehr. Insgesamt seien 12.616 Gebäude total oder schwer beschädigt gewesen. Und erst die vielen Toten, die zu beklagen sind: Im Januar
verkündet das Presseorgan der Nationalsozialisten, der Völkische
Beobachter, dass 562 Menschen, darunter 175 Frauen und Kinder, bei
dem Angriff gestorben seien. „Die 95 Ausländer, die ebenfalls in der
Bombennacht ums Leben kamen, wurden in der kollektiven Todesan-
zeige nicht genannt", erklärt Stankiewitz in seinem Augenzeugenbericht.

Als München im Mai 1945 kapitulierte, waren von den 817.389
Münchnern aufgrund von Evakuierungen, Kriegsdienst und Verlusten
nur 480.447 übrig. Mehr als 6000 Menschen – die Zahlen schwanken
zwischen 6201 laut Polizeistatistik und 6632 laut Stadtverwaltung –
hatten insgesamt bei Luftangriffen ihr Leben gelassen, 16.000 waren
zum Teil schwer verwundet worden. Fünf Millionen Kubikmeter
Schutt lagen in der Stadt, von denen zwei Jahre nach Kriegsende gerade
einmal die Hälfte entfernt war. „Einer der vielen Aufbaupläne unmittelbar nach Kriegsende sah vor, die Ruinenstadt an der Isar als Kriegs-
denkmal stehen zu lassen und eine gänzlich neue Metropole am nahen
Starnberger See aufzubauen", schreibt Irmtraud Eve Burianek.

Wer mehr als 70 Jahre später vor dem Notausgang des Luftschutzkellers in der Nibelungenstraße steht, kann sich nur schwer vorstellen, dass
sich hier einst Menschen in größter Angst hindurchgequetscht haben. Zu
schön ist die Isarstadt dann doch wieder aufgebaut worden, als dass zwei
schlichte Blöcke aus Beton noch diese Wirkung entfalten könnten.

Heike Thissen

....

So geht's zum Bunker-Ausstieg:

*Der überdachte Bunker-Ausstieg befindet sich am Gebäude
der Nibelungenstraße 18.*

Corinna Erhard erzählt die schauerliche Geschichte dieses Glöckchens.

09

Arme-Sünder-Glocke

Das letzte Stündlein hat geschlagen

Heute schweigt sie für immer. Die kleine Glocke, die hinter einem vergitterten Fenster am Nordturm der St. Peter-Kirche hängt, in München besser bekannt als Alter Peter, ist lang schon verstummt. Und das ist auch gut so. Denn diese kleine Glocke, erzählt Corinna Erhard, Buchautorin und Journalistin beim Münchner Merkur, hing nicht immer, wo sie heute hängt. Früher wurde sie bei Hinrichtungen geläutet. Ihr Klang war also mit das Letzte, was die dem Tode Geweihten hörten, bevor sie gerädert, gevierteilt, verbrannt, erhängt oder geköpft wurden. „Die Glocke stammt aus der Zeit nach dem Großen Stadtbrand von 1327, also aus dem 14. Jahrhundert. In dieser Zeit und auch in der Folgezeit gab es in München viele Hinrichtungen – bis ins 19. Jahrhundert hinein", stellt die Stadtkennerin fest.

Eine besonders blutige Hinrichtung fand in München am 12. Mai 1854 statt: Christian Hußendörfer, ein junger Sattlergeselle, wurde wegen Mordes hingerichtet. In der Stadtchronik ist dazu vermerkt: „Es war diese Hinrichtung mit dem Schwert die letzte in München, da der Scharfrichter Schellerer erst mit dem siebenten Hiebe das Haupt des Delinquenten vom Rumpfe trennen konnte. Die zahlreich das Schafott umstehende Menge brach in ein vernehmliches Murren darüber aus. Der blutige Akt hatte mehrere Übelkeiten unter dem Civil wie unter dem Militär zu Folge. Die nächst vorkommende Hinrichtung sollte nun mittelst des Fallbeiles vorgenommen werden." Und so geschah es auch: Noch im gleichen Jahr wurden drei Menschen mit der Guillotine geköpft.

Die letzten Glockenklänge, die zum Tode Verurteilte hörten, entstammten dieser Glocke.

1857 bekundete man erneut Unwillen: Der Münchner Stadtchronik ist zu entnehmen, „(d)aß das widerliche Schauspiel einer öffentlichen Hinrichtung, dieses Überbleibsel mittelalterlicher Strafjustiz, verschwinden und der Vollzug der Todesstrafe einmal in geschloßenem Raume angewendet werde, darüber wurden bey der heutigen doppelten Hinrichtung wieder viele Stimmen laut."

Übrigens: Einen „Iugulus", das ist ein Vorgänger des Scharfrichters, gab es in München schon Anfang des 14. Jahrhunderts, wie eine Stadtkammerrechnung von 1318 belegt. Scharfrichter waren, man kann es sich denken, in der Gesellschaft keine sonderlich angesehenen Leute. Sie durften keine eigene Zunft bilden und nur untereinander heiraten, denn sie übten einen „unehrlichen" Beruf aus. Wobei „unehrlich" nicht, wie im heutigen Sinne, „nicht die Wahrheit sagen" bedeutete. Nein, „unehrlich" leitete sich von „unehrenhaft" ab. Kein ehrenhafter Mensch wird einen Scharfrichter je berührt haben – und in der Regel lebte der Scharfrichter ganz am Rande der Stadt. So auch in München: Sein Haus stand direkt am Sendlinger Tor. Und wie in vielen anderen Städten betätigte sich der Scharfrichter zugleich als Betreiber eines Freudenhauses, in das freilich nur Unverheiratete Einlass fanden.

Zurück zu den Hinrichtungen. Insgesamt drei Richtstätten habe es in München gegeben, erzählt Gästeführerin Erhard: „Die eine war der Galgenberg, er befand sich oberhalb der Oktoberfest-Wiesn. Hinrichtungen mit dem Schwert fanden erst vor dem Neuhauser Tor und später am Marsfeld hinter dem Augustiner-Biergarten statt." Manchmal wurde aber auch direkt auf dem Marienplatz vollstreckt. Das geschah dann, wenn ein Vergehen besonders große Aufmerksamkeit erregt hatte. Vom heutigen Standort des Arme-Sünder-Glöckchens aus kann man den Marienplatz sehen. Was den Ort, an dem es heute hängt, noch passender macht.

Eva-Maria Bast

....

So geht's zur Arme-Sünder-Glocke:

Die Arme-Sünder-Glocke befindet sich am Nordturm des Alten Peter. Man kann sie von der Seite aus gut sehen, die dem Marienplatz zugewandt ist.

10

Türkentor

Ein Name, der in die Irre führt

Tausende Münchner und Besucher der Stadt fahren täglich durch die Türkenstraße, die durch die Maxvorstadt und dann nach Schwabing führt. Dabei kommen sie auch am so genannten Türkentor vorbei, das zwischen der Pinakothek der Moderne und dem Museum Brandhorst steht. Und so mancher wird sich fragen, woher die Straße und das Tor ihren Namen haben. „Das wird halt was mit den Türken zu tun haben", denken dann viele pragmatisch. Doch sie liegen falsch. Denn der Name Türkentor führt in die Irre.

Einst war es Bestandteil der 1826 errichteten Türkenkaserne, der Kaserne des „Königlich Bayerischen Infanterie-Leibregiments". Deren Name leitete sich von der Türkenstraße ab, die wiederum nach dem so genannten Türkengraben benannt war. „Aber der Türkengraben trug seinen Namen zu Unrecht", erklärt Gästeführerin Christine Wiesheu. Die Münchnerin muss weit in der Geschichte der Stadt zurückgehen, um zu erläutern, wie es zu dieser Verwechslung kommen konnte.

Ende des 17. Jahrhunderts regierte Maximilian II. Emanuel von Bayern das Land. Er machte sich als „Kurfürst mit der blauen Schärpe" einen Namen, denn im Führen von Kriegen war er recht erfolgreich. Als 1683 die Osmanen das zweite Mal in der Geschichte Wiens die Stadt bedrohten und versuchten das Tor nach Europa aufzustoßen, war Max Emanuel maßgeblich daran beteiligt, die Belagerungstruppen in die Flucht zu schlagen. Als Zeichen seiner Erfolge kam er im Anschluss nicht nur mit seinem Heer zurück nach Bayern, sondern in Begleitung von mehreren Hundert Kriegsgefangenen. Es waren nicht nur Osmanen, aber vermutlich alle Muslime. Die verschleppten Männer durften ihren Glauben im damals streng katholischen München nicht offen ausleben. Aber den Umständen entsprechend wurden sie wohl gut behandelt und ausreichend mit Lebensmitteln versorgt. Schließlich mussten sie ja auch

> *„Der Türkengraben trug seinen Namen zu Unrecht."*

schwere Arbeiten verrichten: Als „Kammertürken" dienten sie in den folgenden Jahren und Jahrzehnten der Münchner Oberschicht oder trugen die Herrschaften durch München. Für 1688 ist sogar eine eigene Zunft der „Türkischen Sesselträger" überliefert.

Dass Max Emanuel auch nach 1683 immer wieder gefangen genommene Osmanen nach München holte, hatte jedoch auch noch einen anderen Grund als nur den, die „Münchner Schickeria" des 17. Jahrhunderts mit Hausangestellten zu versorgen. „Der Kurfürst war eine schillernde Persönlichkeit und verfolgte zu dieser Zeit ein sehr ehrgeiziges Projekt. Er wollte alle seine Schlösser durch ein Kanalsystem miteinander verbinden", weiß Christine Wiesheu. Und dieses Kanalsystem, das unter anderem von der Residenz in der Innenstadt bis zu den Schlössern Nymphenburg und Schleißheim geplant war, sollten die türkischen Gefangenen ausheben. So hatte sich der Herrscher das gedacht. Er konnte seine Pläne aber nicht in dieser Form umsetzen. Denn als der Habsburger Kaiser im Jahr 1699 mit dem Sultan Frieden schloss, konnten viele der türkischen Gefangenen in ihre Heimat zurückkehren. Und mit den verbleibenden

Christine Wiesheu hat sich intensiv mit der Geschichte der Maxvorstadt beschäftigt. Sie freut sich, dass das Türkentor heute ein Museum ist.

Männern ließ sich der Bau eines Kanalsystems nicht verwirklichen. Das leuchtete dem ehrgeizigen Kurfürsten aber erst ein, nachdem er die Arbeiten – wohlgemerkt nach dem Weggang der Türken – hatte beginnen lassen. Ein Teil des geplanten Türkengrabens war jedoch tatsächlich mit venezianischen Gondeln schiffbar. Aber es fehlten die Arbeiter und irgendwann auch das Geld, sodass er wieder zugeschüttet wurde. So viel steht fest: Die Türken haben am Bau des Türkengrabens nicht mitgewirkt. Und auch die türkischen Gastarbeiter aus den 1950er-Jahren haben nichts mit der Namensgebung zu tun.

Und dennoch hält sich die Geschichte mit den Namen und den unfreiwilligen und freiwilligen Besuchern aus der heutigen Türkei hartnäckig. Sie ist einfach so naheliegend und in so vielen Benennungen allgegenwärtig. „Schließlich befindet sich an der Türkenstraße ja auch das Türkentor. Das ist der letzte verbleibende Gebäuderest der Türkenkaserne, die ihren Namen ebenfalls vom Türkengraben erhalten hat", schließt Christine Wiesheu den Kreis. Dass das Tor nicht mehr als solches erkannt wird, liegt vor allem daran, dass es heute nicht mehr wie ein Durchgang aussieht. Denn als Tor hat das Türkentor längst ausgedient. Seit 2010 beherbergt der quadratische Bau die von der Stiftung Brandhorst erworbene Skulptur „Large Red Sphere" des amerikanischen Künstlers Walter de Maria. Damit hat Münchens kleinstes Museum seinen Platz gefunden. Heute ist es ein renoviertes, denkmalgeschütztes Gebäude, ein Kleinod für moderne Kunst, das sich gut in das umliegende Kunstareal einfügt.

Auch der Name „Türkenstraße" geht auf den Türkengraben zurück.

Heike Thissen

So geht's zum Türkentor:

Das Türkentor steht in der Türkenstraße 17. Die Türkenstraße durchquert die Maxvorstadt und Schwabing zwischen Brienner Straße und Georgenstraße.

Der Kaufmann über dem Eingang. Seine Begleitung, die kleine Ente, ging im Krieg verloren. Doch zwei Putten sind noch immer bei ihm.

11

Dallmayr-Kaufmann
Steinerner Herr und ein verlorenes Entchen

E r hat so viel gesehen! Wie eine Frau, Therese Randlkofer, mit einem der ersten Automobile der Stadt vor dem Haus, das das ihre war, vorfuhr. Wie sich das Feinkostgeschäft, das er immer bewachen musste, um die Kaffeerösterei erweiterte. Wie sich Menschen am Schaufenster drängten, um exotische Dinge wie russische Bärentatzen zu betrachten, die dort ausgestellt waren. Und wie muss er gezittert haben, als um ihn herum alles in Schutt und Asche gelegt wurde, damals, im Zweiten Weltkrieg! Die Rede ist von dem kleinen steinernen Kaufmann, der über den Eingang zum Delikatessen- und Kaffeehaus Dallmayr wacht. „Das komplette Gebäude wurde im Zweiten Weltkrieg zerstört", erzählt Florian Randlkofer, geschäftsführender Gesellschafter. „Nur der Teil, an dem sich der Kaufmann befindet, blieb verschont."

Das Unternehmen, das sich heute im Besitz der Familien Randlkofer und Wille befindet, geht auf das Jahr 1700 zurück. „Aus diesem Jahr stammt die älteste Urkunde", sagt Florian Randlkofer. „Es handelte sich dabei um eine Übergabevereinbarung vom damaligen Geschäftsinhaber Christian Reitter auf seine Töchter." Das kleine Geschäft befand sich damals noch in der Dienerstraße 4, dort, wo jetzt das Neue Rathaus steht. Im Jahr 1870 übernahm Alois Dallmayr und führte den Laden als Kolonialwarenhandlung weiter. „1887 zog der Laden nach schräg gegenüber an den heutigen Standort", schildert Randlkofer. Der Grund: Das Neue Rathaus wurde gebaut (Bauzeit 1867–1909 in drei Bauabschnitten), die Geschäfte mussten weichen. 1895 ging das Unternehmen dann in den Besitz seiner Familie über, da Alois Dallmayr keine Nachfolger hatte: Der Brauereibesitzersohn Anton Randlkofer kaufte es, zuvor hatte er ein Kolonialwaren- und Feinkostgeschäft in der Maffeistraße sein Eigen nennen dürfen. 1882 hatte er mit diesem bereits versucht, Königlich Bayerischer Hoflieferant zu werden. Mit dem neuen Geschäft hatte er jedoch mehr Glück: Dallmayr war bereits seit 1879 Königlich Bayerischer Hoflieferant. Lang sollte Anton Randlkofer sich daran nicht erfreuen: „Mein Ururgroßvater starb schon 1897, nur zwei Jahre nach Erwerb des Ladengeschäftes", erzählt Florian Randlkofer. Und nun geschah etwas für jene Zeit sehr Ungewöhnliches: Eine Frau übernahm die Firma – Anton Randlkofers Gattin Therese, genauer gesagt. Und die war durch und durch geschäftstüchtig. Er hätte sicher seine Freude daran gehabt, wenn er erlebt hätte, wie sie begann, Hoflieferantentitel zu sammeln und das Geschäft zu expandieren. „Sie hat begriffen, welche Strahlkraft diese Titel auf das Münchner Bürgertum haben würden. Und sie behielt damit recht", sagt Sunny

„Das komplette Dallmayr-Gebäude wurde im Zweiten Weltkrieg zerstört. Nur der Teil, an dem sich der Kaufmann befindet, blieb verschont."

Randlkofer, die für die Unternehmenskommunikation im Delikatessenhaus verantwortlich ist. „Da eine Frau aber nicht Hoflieferant sein durfte, hat sie die Titel auf ihre Söhne ausstellen lassen." Auch wusste sie ihre Titel marketingtechnisch geschickt einzusetzen, wie man das heute ausdrücken würde. Denn dort, wo viele europäische Fürstenhäuser einkauften, musste es schließlich vorzügliche Qualität geben – so die beabsichtigte Außenwirkung. Sogar der Deutsche Kaiser war bei Dallmayr Kunde! Auf Therese Randlkofers Briefkopf stand: „Alois Dallmayr, Königlich bayerischer Hoflieferant und Hoflieferant Seiner Majestät des Kaisers, Hoflieferant I.I.k.k.H.H. des Kronprinzen Rupprecht, der Prinzen Leopold, weiland Arnulf, Heinrich, Ludwig, Ferdinand und Alfons von Bayern, (…) der Herzoge weiland Carl Theodor, Siegfried und Christoph in Bayern, weiland I.K. Hoheit der Herzogin Adelgunde von Modena, verwitwete Erzherzogin von Österreich-Este, Ihrer Majestät der Königin Maria Sophia beider Sizilien, Sr. K. Hoheit des Herzogs Ferdinand von Calabrien, Prinzen von Bourbon, Großherzoglich Luxemburgischer Hoflieferant. Herzoglich Sächsischer Hoflieferant. Herzoglich Anhaltischer Hoflieferant. Fürstlich Hohenzollernscher Hoflieferant".

Florian Randlkofer vor dem Relief, das sein Unternehmen als Königlich Bayerischen Hoflieferanten ausweist.

Schon im Jahre 1912 hatte Therese Randlkofer drei Häuser in der Nachbarschaft erworben. „Einen Teil der Gebäude ließ sie abreißen, einen anderen Teil adaptierte sie. Bis im Jahre 1912 das Haus in seiner heutigen Größe stand", erzählt Florian Randlkofer, der die Geschäfts-

führung 2015 von seinem Vater Georg übernahm. Seine Ururgroß-
mutter war es auch, die im selben Jahr, in dem das Haus seine heutigen
Ausmaße erreicht hatte, Bildhauer Julius Seidler (1867–1936) den
Auftrag gab, den steinernen Kaufmann zu schaffen. „Seine plastischen
Arbeiten, besonders aber seine Architektur-Plastik, auf die er sich spe-
zialisiert hatte, entsprachen vornehmlich dem ‚typisch Münchner
Stil‘ “, erklärt Randlkofer.

Im Dallmayr'schen Geschäft befanden sich damals durchaus exotische Produkte wie Kakao, Tee, Bananen und Südfrüchte und, auch
heute noch durchaus exotisch: russische Bärentatzen. Die Waren wurden auf Wunsch nach Hause geliefert, „anfangs noch mit dem Pferde-
wagen, verziert mit goldener Schrift und Wappen, später mit einem
der ersten Autos in München“, wie der Gründer-Nachfahre erzählt.

Im Ersten Weltkrieg wurde auch Dallmayr für die Verpflegung
der Soldaten herangezogen. 1916 erhielt Therese Randlkofer deshalb
von König Ludwig III. das König-Ludwig-Kreuz für Heimatverdienste
während der Kriegszeit. Dennoch ging es bergab: Was der Krieg nicht
genommen hatte, nahm die Inflation. Und mit dem Ende des Krieges
und dem damit einhergehenden Niedergang der Monarchie waren die
Titel, die Therese Randlkofer so eifrig gesammelt hatte, weitaus weniger wert als früher. 1919 übergab sie das Geschäft ihren beiden Söhnen
Fritz und Hermann, wenig später übernahm Paul und lenkte die
Geschicke des Unternehmens bis in die 1950er-Jahre.

„Die Wirtschaftsdepression der 30er-Jahre traf das Unternehmen hart“, erzählt Florian Randlkofer weiter. „Unsere Familie suchte
nach einem weiteren Standbein und entschied sich, den Kaffeebe-
reich stärker auszubauen.“ So stellte man auf Empfehlung den jungen Bremer Kaffeefachmann Konrad Werner Wille ein. „Damit
begann 1933 für Dallmayr eine neue Ära. Die Marke ‚Dallmayr
Kaffee‘ entstand.“ Doch bald schon sollte es wieder schwierig werden: Kaffee gab es nach Ausbruch des Zweiten Weltkriegs nur noch
auf Marken, und über exotisches Gemüse rümpften die Herren der
NS-Regierung ihre braunen Nasen. „Man hat der Inhaberfamilie das
Leben in jenen Jahren schwer gemacht“, sagt Sunny Randlkofer. Und
obendrein wurde das Geschäftshaus im Januar 1945 zu 90 Prozent
zerbombt.

„Die Firma Dallmayr zog in ein Provisorium, und man fing wieder von vorne an. Durch Zähigkeit und konsequentes Arbeiten, aber auch mit dem Einsatz aller noch spärlich vorhandenen privaten Mittel konnte das Geschäftshaus wiederaufgebaut werden", erzählt Florian Randlkofer, der seine Vorfahren für diese Leistung sehr bewundert. „Ein großer Teil der Beschaffung des so knappen Baumaterials erfolgte durch Tauschhandel. Also beispielsweise einige Fässer Salzheringe gegen einen Waggon Ziegel."

Der Wiederaufbau stieß auf reges Interesse: In der Chronik der Stadt München ist in einem Eintrag vom 24. November 1948 zu lesen: „Das bekannte Lebensmittelhaus ‚Dallmayr', das durch Bombenangriffe fast völlig zerstört war, wird wieder eröffnet. Bereits eine halbe Stunde nach der Eröffnung muß das Haus wegen Überfüllung vorübergehend geschlossen werden."

All das hat der steinerne Kaufmann, der seit 1912 auf den Eingang herabblickt, gesehen, denn ausgerechnet dieser Teil des Hauses blieb erhalten. Vor den Luftangriffen hatte der Kaufmann übrigens Gesellschaft – eine kleine Ente war bei ihm. „Das Tier fiel wohl bei den Detonationen herunter und wurde nicht wieder ersetzt", sagt Florian Randlkofer. Seitdem ist der Kaufmann fast ganz alleine – zwei Putten sind allerdings bei ihm und leisten ihm Gesellschaft – und kaum jemand schenkt ihm auf seinem Weg nach drinnen einen Blick. Der alte Mann freut sich sicher, wenn man ihn ab und an mit einem Lächeln bedenkt!

Eva-Maria Bast

So geht's zum Kaufmann:

Der steinerne Kaufmann thront über dem Haupteingang von Dallmayr, Dienerstraße 14–15.

Breit gebaut und aus Stahlbeton gefertigt, erinnert die Brücke an die Zeiten der Maffei'schen Lokomotivenfabrik.

Gunezrainer Brücke
Platz genug für Fuhrwerk und Lok

D iese Brücke gehört zu den Relikten, die ihre Geschichte nicht gleich preisgeben. Denn zunächst sieht das nahezu schmucklose Bauwerk aus Stahlbeton mit seinem Kopfsteinpflaster aus wie so viele andere. Tatsächlich jedoch gibt es unter den mehr als 100 Brücken und Stegen auf der 375 Hektar großen Grünanlage nichts Vergleichbares. „Alle anderen Brücken sind viel schmaler und filigraner", bestätigt Janne Weinzierl und liefert auch gleich die Erklärung, warum es sich bei dieser hier um etwas ganz Besonderes handelt: „Diese Brücke ist so breit und massiv, weil ihr Vorgängerbau früher die Lokomotiven tragen musste, die von der Maffei'schen Lokomotivenfabrik zum Bahnhof gezogen wurden." Denn auch wenn es rückblickend jeder Logik zu entbehren scheint: Mitten im Englischen Garten wurden einst Lokomotiven gebaut. Obwohl es in der Nähe keine Schienen gab! „Wenn eine Lok fertig gestellt war, musste sie von Fuhrwerken abtransportiert und über den Schwabinger Bach gezogen werden", sagt Janne Weinzierl. Dann sei es durch die Feilitzschstraße über die Schwabinger Landstraße – die heutige Leopoldstraße – zum Hauptbahnhof gegangen. „Es gab ja sonst keine Straße durch den Englischen Garten. Der Mittlere Ring wurde als Schneise erst in den 1960er-Jahren als Querung gebaut."

Janne Weinzierl kann entspannt auf der Gunezrainer Brücke stehen. Heute kommt dort keine Lokomotive mehr auf einem Fuhrwerk vorbei.

Doch ganz so unpraktisch, wie es zunächst klingt, war die Lage der Lokomotivenfabrik gar nicht. Als Joseph Anton von Maffei (1790–1870), seines Zeichens Verwaltungsratsvorsitzender der Bayerischen Hypotheken- und Wechselbank, im Jahr 1838 für 57.000 Gulden ein kleines Eisenwerk in der Hirschau auf dem Gelände des heutigen Englischen Gartens erwarb, fehlte zwar die passende Infrastruktur. Für etwas anderes war aber gesorgt, und das war mindestens genauso wichtig: Energie. Dank des nahe gelegenen Eisbachs war das Werk mit Wasserkraft versorgt. Also konnte Maffei seinen Plan in die Wirklichkeit umsetzen. Schon lange hatte es ihn geärgert, dass Lokomotiven in Deutschland aus Einzelteilen zusammengesetzt werden mussten, die in England produziert worden waren. Er baute mit englischen Ingenieuren die Anlage des Eisenwerks zur Lokomotivenfabrik aus. 1841, nur drei Jahre nach dem Ankauf des Geländes, verkündete er König Ludwig I. (1786–1868) stolz, dass er die erste bayerische Lokomotive gebaut hatte. Der Regent war begeistert: „Mit vielem Vergnügen erfuhr ich des Dampfwagens Erbauung aus München und dem ausgesprochenen Wunsch gemäß, daß ich ihm einen Namen geben möchte, soll er der ‚Münchner' heißen", antwortete er.

Noch im Jahr ihrer Fertigstellung hatte die Lok ihren ersten großen Auftritt: Sie fuhr von München nach Augsburg. Und zwar mit einer Durchschnittsgeschwindigkeit von rund 30 km/h mit Anhängern und rund 50 km/h ohne. Damit revolutionierte sie das Reisen auf der Strecke. Denn während beispielsweise Postkutschen für die Fahrt in die Fuggerstadt 16 Stunden benötigten und die Pferde vier Mal gewechselt werden mussten, waren die Passagiere mit dem „Münchner" nach rund zwei Stunden am Ziel.

Länger als die Reise nach Augsburg dauerte jedoch die Fahrt der Lokomotiven mit dem Pferdefuhrwerk vom Produktionsort im Englischen Garten über die Brücke und die Schwabinger Landstraße zum Gleis! Michael Degle von der Gärtenabteilung der Bayerischen Schlösserverwaltung hat in einem Kataster aus dem Jahr 1879 entdeckt, dass es damals eine auffallend breite Lastenstraße gab, die vom Seehaus bis zur Gunezrainer Brücke führte. „Diese Straße war viel stärker ausgebaut als die übrigen Wege im Englischen Garten", erklärt der Experte. Man könne auf der Karte deutlich erkennen, dass dies der kürzeste Weg von der Maffei'schen Fabrik Richtung Hauptbahnhof gewesen sei. „Eine andere sinnvolle Verbindung zwischen den beiden Orten kann ich mir nicht vorstellen", sagt Degle. Der große Aufwand schien sich zu lohnen. Nach dem Erfolg mit dem „Münchner" und dessen Nachfolgern bekam Maffei Aufträge aus Bayern, Deutschland und der Welt.

23 Jahre nach der ersten Lok konnte er mit seiner Belegschaft die fünfhundertste in der Landeshauptstadt hergestellte Lokomotive feiern. Das Geschäft brummte und Maffei wurde zu einem der wichtigsten Industriellen in München.

Als sein Lokomotivenwerk 1902 einen Schienenanschluss – das Industriegleis – erhielt, konnten die Erzeugnisse einen direkteren Weg ins bayerische Eisenbahnnetz nehmen als auf Anhängern über die Brücke in der Gunezrainer Straße gebracht zu werden. Dennoch wurde auch ihr Nachfolgebau – die heutige Brücke – so massiv und breit gebaut, als müsse sie noch viele Jahre die Last von Lokomotiven tragen. Doch hilft sie jetzt lediglich Fußgängern und Radfahrern beim Überqueren des Schwabinger Baches.

Heike Thissen

So geht's zur Gunezrainer Brücke:

Die Brücke, über die einst die Lokomotiven transportiert wurden, steht am Ende der Gunezrainer Straße am Übergang in den Englischen Garten.

13

Tellus Bavarica

Ein Diana-Tempel ganz ohne Jagdgöttin

Ob sie wohl zufrieden ist dort oben? Ob es ihr Spaß macht, mutterseelenallein tagein, tagaus auf dem Pavillon zu stehen? Und herabzublicken auf die Münchner, die sich bei Sonnenschein barfuß im Gras ausstrecken oder bei Regen tief unter ihren Schirm geduckt über die Wege des Hofgartens huschen? Man kann es sich nicht so recht vorstellen. Tatsächlich gehört die Dame, die über allem thront und von weitem sichtbar ist, dort oben gar nicht hin. Und überhaupt: Wer ist sie denn?

Dr. Christian Quaeitzsch, der bei der Bayerischen Verwaltung der staatlichen Schlösser, Gärten und Seen für die Residenz zuständig ist, kann das Rätsel lösen: „Die Frauengestalt, die dort oben so ulkig vereinzelt herumsteht, ist die Tellus Bavarica, eine Allegorie des Landes Bayern. Sie stand eigentlich als Brunnenfigur an anderer Stelle." Weil die fast unbekleidete Schöne auf dem Kopf einen Helm und auf den Schultern ein Hirschgeweih trägt, denken viele, es handle sich um die Jagdgöttin Diana. Deswegen heiße der Pavillon im Volksmund auch Diana-Tempel. „Dabei hat er mit Diana nichts zu tun", erklärt der Residenz-Experte.

> *„Die Frauengestalt, die dort oben so ulkig vereinzelt herumsteht, ist die Tellus Bavarica, eine Allegorie des Landes Bayern. Sie stand eigentlich als Brunnenfigur an anderer Stelle."*

„Wenn man genau hinsieht, erkennt man viele Attribute, mit denen sie Bayern repräsentiert: Die nackte Frau steht für die Fruchtbarkeit des Landes, das Hirschfell für den Wildreichtum, die Reuse für das gute bayerische Wasser und der Ährenkranz für die Getreidefülle." Und das Fässchen, auf dem sie ihren linken Fuß abgestellt hat, ist ein Hinweis auf das süffige bayerische Bier? Das kann Christian Quaeitzsch klar verneinen. „Das Fässchen verweist auf den Salzhandel, die wichtigste Einnahmequelle des Kurfürstentums Bayern. In solchen Behältern wurde das Salz aus Bayern ins Ausland exportiert."

Christian Quaeitzsch genießt die kurze Pause im Münchner Hofgarten mit Blick auf die Tellus Bavarica auf dem Pavillon.

Noch ein weiteres Attribut der Tellus Bavarica fällt auf: In der rechten Hand hält die leicht bekleidete Dame einen großen Apfel mit Kreuz. „Den trägt sie erst seit 1623", kann Quaeitzsch aufklären, „denn damals gelang dem bayerischen Herzog Maximilian I. sein größter politischer Coup, auf den er lange und konsequent hingearbeitet hatte." In jenem Jahr nämlich erlangte Maximilian I. (1573–1651) von Kaiser Ferdinand II. (1578–1637) auf dem Regensburger Fürstentag die Kurwürde, weil er im Dreißigjährigen Krieg ein so treuer Unterstützer war. Von nun an durfte sich der bayerische Wittelsbacher „Kurfürst des Heiligen Römischen Reiches" nennen und gehörte zu den sieben weltlichen und geistlichen Würdenträgern, die den Kaiser wählen durften. „Jetzt konnten Maximilian I. und seine Nachfolger zum Beispiel das Zünglein an der Waage sein, wenn es darum ging, wer neuer Kaiser werden würde", erklärt Christian Quaeitzsch die Hintergründe. Diese Rangerhöhung verschaffte Maximilian I. nicht nur größere politische Bedeutung, sondern auch das Recht, den Reichsapfel als Attribut zu verwenden. Denn bei der Krönung eines neuen Kaisers kam jedem Kurfürsten eine besondere Aufgabe zu. Maximilian war von nun an der Erztruchsess, der über die kaiserliche Tafel wachte, und trug

Sieht aus wie die Jagdgöttin Diana, ist aber eine andere: Die Tellus Bavarica repräsentiert das Land Bayern mit allem, was es im 16. und 17. Jahrhundert ausmachte. Bier spielt dabei keine Rolle.

während der Zeremonie den Reichsapfel. Dieses Symbol, bekrönt von einem Kreuz, stand für die Erdkugel und sollte symbolisieren, dass der Kaiser die Welt in Händen hielt. Als Erkennungszeichen durfte fortan auch Maximilian den Reichsapfel verwenden und machte von diesem Recht reichlich Gebrauch – unter anderem auf dem Dach des Pavillons im Hofgarten.

Bereits kurz nach der Erhebung des bayerischen Herrschers zum Kurfürsten wurde veranlasst, dass der Tellus Bavarica der Reichsapfel in die Hand gegeben wurde. Jeder sollte schon von weitem sehen können, welchen Erfolg Maximilian I. errungen hatte. „Der Apfel ist kein schlichtes Ornament. Er repräsentiert die ganze Geschichte von Ehrgeiz, Macht, Sieg und Niederlage", fasst Christian Quaeitzsch zusammen.

Dass es die Tellus Bavarica einmal so weit bringen würde, war anfangs nicht abzusehen. Der niederländische Bildhauer und Bronzekünstler Hubert Gerhard (vermutl. 1540–1620) war es, der die Bronzefigur um 1590 schuf – zunächst als Brunnenfigur inmitten eines Wasserbeckens auf einem kleinen Grottenberg in einem Renaissancegarten der Residenz. Als der Hofgarten ab 1613 angelegt und 1615 der Pavillon erbaut wurde, landete sie vermutlich ein Jahr später kurzerhand hoch droben auf seinem Dach. „Besonders spannend an der Figur finde ich, dass man an ihr so gut den Wandel von politischen Entwicklungen nachvollziehen kann", sagt Quaeitzsch mit dem Blick nach oben. Inzwischen sei es für die Münchner selbstverständlich, wie ihre „Diana" aussehe. „Dabei war das ein langer Prozess."

Heute spricht jedoch kaum jemand von der Tellus Bavarica im Hofgarten. Denn Ende des 19. Jahrhunderts hat sie eine Namensvetterin bekommen, die bayern-, deutschland- und weltweit viel mehr Aufmerksamkeit abgreift: die Bavaria von Ludwig Schwanthaler (1802–1848), die auf der Münchner Theresienwiese vor der Ruhmeshalle steht und zum Oktoberfest jedes Jahr millionenfach fotografiert wird. Dass sie nur ein Abbild der jungen Frau ist, die mutterseelenallein oben auf dem Pavillon im Hofgarten steht, interessiert die Münchner zu diesem Zeitpunkt genauso wenig wie die Besucher aus aller Welt.

Heike Thissen

....

So geht's zur Tellus Bavarica:

Die Frauengestalt, die das Land Bayern repräsentiert, steht auf dem Pavillon im Hofgarten hinter der Residenz. Die Residenz befindet sich in der Residenzstraße 1.

Carola Kühberger liebt die Atmosphäre im Innenhof der Eilles-Passage.

14

Innenhof

Miss Marple des Mittelalters

Der Innenhof ist ein stiller Ort. Man kann sich gut vorstellen, dass hier einmal fromme Frauen ihren Glauben gelebt haben. Davon kündet auch das kleine Schild, das den Innenhof als Überbleibsel des Bittrich-Klosters, auch Püttrich-Kloster genannt, ausweist, das man jedoch im Vorübereilen leicht übersieht. Und selbst wenn man es entdeckt – man kann ihm nicht entnehmen, dass Kunigunde von Österreich (1465–1520) hier einst einen großen Schwindel aufdeckte. Stadtführerin Carola Kühberger aber kennt die Geschichte und nennt Kunigunde liebevoll die „Miss Marple des Mittelalters". Kunigunde entwickelte ihren kriminalistischen Spürsinn in Bezug auf eine gewisse Anna Laminit (um 1480–1518).

Nach dem Tod ihres Gatten, Herzog Albrecht IV. (siehe Geheimnis 27), hatte sich Kunigunde von der Residenz ins schräg gegenüberliegende Püttrich-Kloster zurückgezogen. Hier hörte sie von den Geschichten, die sich um Anna Laminit rankten. Um die Frau herrschte große Aufregung: Sie lebte in Augsburg als Begine in einem Seelhaus und gab an, göttliche Offenbarungen und Visionen zu haben. Und mehr als das: „Sie behauptete, rein gar nichts zu essen und seit 14 Jahren keine Ausscheidungen gehabt zu haben", erzählt Carola Kühberger. „Sie wurde als lebende Heilige verehrt." Man bewunderte sie, man pilgerte Rat suchend zu ihr. Zu ihren Anhängern gehörten nicht nur die einfachen Bürger und Bewohner Augsburgs, sondern Menschen aus Nah und Fern, darunter auch sehr hochgestellte Persönlichkeiten wie Kaiser Maximilian I. (1459–1519) und seine Gattin Bianca Maria Sforza (1472–1510). Und selbst Martin Luther (1483–1546) stattete Anna Laminit 1511 wohl während seiner Rückfahrt von einer Pilgerreise nach Rom einen Besuch ab. Wobei die Quellen darüber streiten, ob er den Schwindel durchschaute und sie aufforderte, tugendhaft zu sein, oder ob er den Betrügereien aufsaß und sich später darüber ärgerte.

„Sie behauptete, rein gar nichts zu essen und seit 14 Jahren keine Ausscheidungen gehabt zu haben."

Fakt ist jedenfalls, dass Kunigunde den Geschichten keineswegs aufsaß. „Sie hatte Anna schon eine ganze Weile lang aus der Ferne beobachtet", berichtet Carola Kühberger. „Und sie war ziemlich sicher, dass da etwas nicht stimmte. Sie wollte sich Anna einmal näher anschauen und hat sie 1512 ins Püttrich-Kloster eingeladen." Die Nonnen, sagt die Stadtführerin, hätten die angebliche Heilige empfangen, ihr ein Zimmer zugewiesen und sie auf eine Audienz mit der Herzogin warten lassen. Einen Tag, zwei Tage. „Was Anna Laminit nicht wusste: Dass Kunigunde den Raum hatte präparieren lassen und die Nonnen sie durch kleine Löcher in der Tür beobachten konnten." Irgendwann, erzählt Carola Kühberger schmunzelnd, habe Anna Laminit dann wohl doch der Hunger ereilt. „Die Nonnen haben gesehen, dass die angebliche Hungermärtyrerin ganz unten aus ihrem Gepäck etwas herausgeholt und gegessen hat." Um einen Beweis zu haben, warteten sie noch auf die Ausscheidungen, die Anna durch das

Fenster entsorgt haben soll, und konfrontierten sie dann damit. Kunigunde nahm der falschen Heiligen das Versprechen ab, die Betrügereien künftig zu unterlassen – was Anna auch zunächst zusicherte, aber nicht hielt. Zurück im Augsburger Seelhaus gab sie weiter vor, nichts zu sich zu nehmen. Das ließ Kunigunde ihr jedoch nicht durchgehen. Sie erreichte, dass Anna Augsburg 1514 verlassen musste. Die falsche Heilige heiratete den Witwer Hans Bachmann, doch das Glück, das ihr über all die Jahre zu großem Reichtum verholfen hatte – denn sie hatte sich ihre Segenssprüche bezahlen lassen – war ihr nicht mehr hold. Man war ihr auf die Schliche gekommen, nicht nur, was das Vorspielen der Heiligkeit anging, sondern man entlarvte auch noch eine ganze Reihe weiterer Betrügereien. Zum Beispiel,

Schräg gegenüber der Residenz befinden sich noch die Mauern des alten Püttrich- oder Bittrich-Klosters.

dass sie sich von ihrem ehemaligen Geliebten Anton, er entstammte der berühmten Familie der Welser, für das gemeinsame Kind Alimente zahlen ließ, obwohl dieses längst verstorben war. Das Leben der Anna Laminit endete denkbar tragisch: Sie wurde in einen Sack gesteckt und ertränkt. Das war am 5. Mai 1518. Für ihr Seelenheil dürfte wohl kaum jemand gebetet haben. Schon gar nicht diejenigen, denen sie durch falsche Vorspiegelungen das Geld aus der Tasche gezogen hatte.

Eva-Maria Bast

So geht's zum Innenhof:

Den Innenhof, in dem noch Reste der alten Klostermauern zu sehen sind, erreicht man über die Eillespassage. Diese befindet sich in der Residenzstraße 13, schräg gegenüber der Residenz.

Dr. Claudius Stein ist ein großer Bewunderer Kneipps – wenn er die Wasserkuren auch nicht selbst anwendet.

15

Kneipp-Tafel

Unter Sternen im Brunnen gebadet

Gesundheitsbewusste kennen und lieben sie, die erfrischende Wirkung von kaltem – besonders wirkungsvoll im Wechsel mit etwas wärmerem Wasser. Und auch Menschen, die nicht so sehr auf ihre Gesundheit achten, werden schon einmal mit hochgekrempelten Hosenbeinen ins eisige Meer gestapft sein und anschließend das angenehme Prickeln auf der Haut genossen haben. Die wenigsten werden sich jedoch in sternenklaren Nächten hinausschleichen, um sich in einen Brunnen zu legen. Einer, der das tat, war der Wegbereiter der Wasserkuren: Sebastian Kneipp (1821–1897). Er tat es dort, wo heute der Anbau des Herzoglichen Georgianums steht. Der Brunnen, in dem er badete, ist nicht mehr erhalten – aber eine Tafel erinnert daran, dass Kneipp hier einst studierte und auch sein weltberühmtes Heilverfahren begründete. Die Tafel ist jedoch, wie Regierungsrat Dr. Claudius Stein, Pfleger des Archivs und der Sammlungen des Herzoglichen Georgianums, findet, so versteckt angebracht, dass dieses Faktum noch weitgehend ein Geheimnis ist. In der Tat: Sie hängt am Nebeneingang des Georgianums, der immer verschlossen ist. Und dass dort kaum jemand vorbeikommt, davon kündet die Tatsache, dass das Gras inzwischen die Oberhand über die Pflastersteine gewonnen hat und der Weg ein wenig wirkt, als sei er eine Wiese. Und sollte man die Tafel dennoch entdecken: Die Sache mit dem Brunnen gibt sie nicht preis.

Doch wenden wir uns zunächst einmal dem Georgianum zu, an dem übrigens auch Joseph Aloysius Ratzinger, 2005 bis 2013 Papst Benedikt XVI., in den Jahren 1947 bis 1951 studierte. Die Geschichte des Hauses, sagt Claudius Stein, sei weitgehend unbekannt. „Sie ist mit der Universität eng verknüpft", erklärt der Regierungsrat. Gegründet 1494 von Herzog Georg dem Reichen (1455–1503) von Bayern-Landshut – daher auch der Name Georgianum – befand es sich, ebenso wie die Universität, bis 1800 in Ingolstadt und danach, bis 1826, in Landshut. Seit 1826 sind Universität und Georgianum in München beheimatet. Es war und ist gewissermaßen ein Priesterseminar, das zweitälteste der Welt sogar. Aber, sagt Claudius Stein, es war ursprünglich mehr als das: „Die Studenten, die an der philosophischen Fakultät studierten, mussten entsprechend untergebracht werden und es gab einige, die der Unterstützung bedurften." Für diese Studenten habe es damals Kollegien oder sogenannte Bursen gegeben, das ist das, was man heute Stipendien nennt. „Genau das war der Zweck des Georgianums, als es 1494 an der Universität gegründet wurde. Eine Stiftung für unbemittelte Scholaren, die rechtlich ganz eng an die Universität geknüpft war und ist."

Als Sebastian Kneipp im 19. Jahrhundert an die Universität kam, habe auch er einen solchen Freiplatz erhalten. „Der Lauf der Jahrhunderte brachte die Entwicklung, dass die Stiftung seit 1785 eine ausschließlich geistliche Einrichtung war. Nun wurde nicht mehr den Studenten der philosophischen Fakultät, sondern nur noch den künftigen Geistlichen Kost und Logis gewährt", sagt Claudius Stein. Sebastian Kneipp studierte also mit Förderung seines Landesherrn, des bayerischen Königs Maximilian II., in den Jahren 1850 bis 1852 in München. In einer Festrede blickte er später auf diese Jahre zurück: „Im Georgianum war ich freilich, was Kost und Hausordnung betrifft, sehr zufrieden. Aber mein körperliches Befinden war miserabel. Da kam ich auf die Wasserkur dadurch, daß ich ein Schriftchen las, welches davon handelte, und von den Ärzten aufgegeben, setzte ich mein Vertrauen auf diesen Strohhalm." Kneipp erzählt auch, wie er das anstellte: „In der Nacht von 12 bis 2 Uhr bin ich vom zweiten Dormitorium heimlich hinunter in den Hörsaal und dort habe ich ein Fenster aufgemacht, bin ausgestiegen zum Wasserbassin, und dort habe ich mein Bad genommen." Dann sei er in sein Bett zurückgegangen, „das waren die Anfänge meiner Wasserkur". Später hätte auch ein „Leidensgenosse" daran teilgenommen. „Unser Licht waren die Sterne und der Halbmond; beim Vollmond hätten wir uns nicht getraut." Kneipps „Leiden" war Tuberkulose, an der er 1849 erkrankte, und mit dem „Schriftchen" dürfte er das Buch „Unterricht von der Heilkraft des frischen Wassers" von Johann Siegmund Hahn gemeint haben. Der nicht mehr erhaltene Brunnen befand sich dort, wo heute der Anbau des Georgianums ist. Auch in der Donau bei Dillingen soll Kneipp eiskalte Bäder genommen haben. Dass er Mitstudenten heimlich an seinen Kuren teilhaben ließ, geschah am Georgianum zum ersten Mal.

1852 endete Kneipps Studium in München, am 6. August 1852 wurde er im Augsburger Dom zum Priester geweiht. Es folgten drei Stellen als Kaplan im Bistum Augsburg, und in dieser Zeit war Sebastian Kneipp wegen seiner Wasserkuren großen Anfeindungen ausgesetzt: Man zeigte ihn wegen „Kurpfuscherei" an und er musste wegen „Vergehens gegen das Kurierverbot" zwei Gulden Strafe zahlen. Zwei Jahre später verklagte ihn ein Apotheker wegen „Gewerbebeeinträchtigung und Schädigung". Das Gericht ließ ihn eine Erklärung unterschreiben, in der er versichern musste, „fürder auch solchen Unglücklichen nicht mehr zu helfen, die angeblich keine ärztliche Hilfe mehr fanden". Doch dann gab es eine schwere Choleraepidemie, der auch Kneipps Vater zum Opfer fiel. Kneipp handelte – entgegen der Unterlassungserklärung – und behandelte. 42 Kranke soll er geheilt haben, man nannte ihn den „Cholera-Kaplan".

Im Mai 1855 kam Sebastian Kneipp nach Wörishofen: Er wurde Beichtvater und Hausgeistlicher im Dominikanerinnenkloster. Sein Ruf war inzwischen weit verbreitet, zunehmend kamen Kurgäste nach Wörishofen, immer wieder wurde Kneipp verklagt, niemals jedoch ließ er sich davon abhalten, seiner Berufung weiter zu folgen: 1889 kam sogar Prinz Rupprecht von Bayern zur Kur. Das Sebastianeum wurde gegründet, der Kurbetrieb wuchs, 1893 gab es über 33.000 Kurgäste in Wörishofen, im selben Jahr ernannte Papst Leo XIII. Kneipp zum Päpstlichen Geheimkämmerer, ein Jahr später ließ sich der Papst in Rom selbst von Kneipp behandeln.

Das Georgianum in München, das 1835 bis 1841 nach Plänen von Friedrich von Gärtner erbaut wurde, hat Kneipp in all den Jahren nicht vergessen. „Kneipp hat sich zeitlebens sehr dankbar gezeigt", sagt Claudius Stein: Zahlreiche Kunstwerke habe er in die Sammlung sakraler Kunst vom 11. bis zum 19. Jahrhundert gespendet, die sein guter Freund, der Leiter des Georgianums, Professor Dr. Andreas Schmid, anlegte und die heute noch im Georgianum zu sehen ist. „Außerdem hat auch Kneipp einen Freiplatz im Georgianum gestiftet. Daran ist schön das übliche Wechselverhältnis zu sehen, wonach derjenige, der Guttaten empfängt, sich dann, sobald er selbst etwas geworden ist, dazu verpflichtet fühlt, der Person etwas Gutes zu tun, die ihm seinerzeit geholfen hat", freut sich Claudius Stein.

„Kneipp hat sich zeitlebens sehr dankbar gezeigt."

Das Georgianum ist seinerseits stolz auf den berühmten Studenten. Und wenn die Gedenktafel auch etwas versteckt hängt – Kneipp hätte der Platz sicher gut gefallen, hat sein in Bronze gegossenes Konterfei doch freie Sicht auf den Brunnen, der vor dem Georgianum plätschert. Wenn es auch nicht der ist, in dem er einst in sternenklaren Nächten badete, wenn die Mondsichel am Himmel stand.

Eva-Maria Bast

....

So geht's zur Kneipp-Tafel:

Die Gedenktafel für Sebastian Kneipp hängt am Seiteneingang des Herzoglichen Georgianums, Professor-Huber-Platz 1.

16

Ehemaliger Bahndamm
Experimente im Nymphenburger Park

E s ist schon ein sagenhaftes Denkmal, das sich der Ingenieur
Joseph von Baader (1763–1835) im Nymphenburger Park
gesetzt hat. Dass die beeindruckenden Fontänen, an denen
sich jedes Jahr viele Tausend Besucher erfreuen, ihr Wasser
in acht bis zehn Meter Höhe hinaufschießen können, ist sein Verdienst. Zu seiner Zeit galten sie als Meilenstein der Ingenieurskunst.
Die Pumpwerke, die der Ingenieur hierfür Anfang des 19. Jahrhun-

derts entwarf, sind die ältesten noch dienstbereiten Maschinen dieser Art in Europa. Dass Baader auf dem Gelände jedoch nicht nur mit Pumpen, sondern auch mit Gleisen beschäftigt war, wissen nur wenige.

Die Spuren hierfür sucht man vergebens, es sei denn, man ist mit Dr. Uwe Gerd Schatz von der Bayerischen Verwaltung der staatlichen Schlösser, Gärten und Seen unterwegs. Der Kunsthistoriker kennt das Gelände in- und auswendig und weiß, wo Baader ab 1825 daran tüftelte, die Welt der Fortbewegung zu revolutionieren. „Wo heute der dichte Wald steht, ließ Baader eine Versuchsstrecke für seine Experimente mit der Eisenbahn bauen", erklärt er. Der Münchner deutet auf eine langgestreckte Erhebung im Boden parallel zur Parkmauer. „Auf diesem Damm verlief damals die Trasse entlang der Mauer."

Dr. Uwe Gerd Schatz kann im Schlosspark Nymphenburg die Stelle ausfindig machen, wo einst eine Versuchsstrecke für Eisenbahnen verlief.

Schon seit 1796 war Baader Mitglied der Königlichen Akademie der Wissenschaften. Damals hatte der Ingenieur noch nichts mit Eisenbahnen, sondern viel mit Pumpen zu tun, und zwar so erfolgreich, dass Kurfürst Max IV. Joseph von Bayern (1756–1825) ihn 1802 damit beauftragte, in Nymphenburg neue, starke Fontänen zu bauen. Eben jene, an denen sich heute noch die vielen Besucher erfreuen. 1803 und 1808 errichtete er hierfür zunächst das Grüne Brunnhaus und dann das Johannisbrunnhaus, die beide nicht nur immer noch an Ort und Stelle stehen, sondern auch immer noch im Originalzustand in Betrieb sind.

Doch Baader entwickelte sich und seine Interessen weiter. Ab 1807 beschäftigte er sich deshalb als erster Ingenieur auf dem europäischen Kontinent mit der Konstruktion von Eisenbahnen. Dabei half ihm, was er in den Jahren seines Auslandsstudiums in England gelernt hatte. Seine Erkenntnisse und Ideen fasste er 1822 in seinem Werk „System der fortschaffenden Mechanik" zusammen und erhielt hierfür in der Branche großes Lob und Anerkennung. „Das kann man heute kaum noch glauben, dass seine Erfindungen alle in Deutschland passierten und nicht in England, wo die Engländer doch als die Erfinder der industriellen Revolution gelten", sagt Schatz. Baader erwies seiner Branche große Dienste: Er erfand nicht nur die Weiche, sondern auch die Drehscheibe, ohne die das Bahnfahren heute nicht denkbar wäre. Für die „eisernen Kunststraßen", wie er sie nannte, machte er konkrete Vorschläge und verfeinerte seine Pläne immer weiter.

Sein erklärtes Ziel war es, die Kanäle und ihren Gütertransport durch ein eisernes Schienensystem zu ersetzen, auf dem Wagen fahren können. Dieses sollte sich dann über ganz Bayern ausdehnen. „Mit Erlaubnis von König Ludwig I. legte er 1825 eine Versuchsstrecke im Nymphenburger Park an. Hier baute er auch die erste Drehscheibe ein", erklärt Schatz. Anfangs konnte Baader den bayerischen Monarchen für sein Projekt begeistern. Doch als der Tüftler ihn am 18. April 1826 stolz zu einer Demonstrationsfahrt auf der 250 Meter langen Strecke einlud, zeigte sich der König nur wenig beeindruckt. Ein Jahr später strich er seinem

„Das kann man heute kaum noch glauben, dass seine Erfindungen alle in Deutschland passierten und nicht in England, wo die Engländer doch als die Erfinder der industriellen Revolution gelten."

Ingenieur sogar die Gelder für weitere Entwicklungen. Das lag unter anderem daran, dass der Monarch im Gegensatz zu Baader weiter auf den Transport zu Wasser setzte und sein Geld bevorzugt in sein Lieblingsprojekt, den Ludwig-Kanal zwischen Donau und Main, steckte.

Dass der König in Baaders Ideen kein zukunftsträchtiges Modell erkennen konnte, lag wohl unter anderem daran, dass der Ingenieur trotz seines Genies, seiner Erfahrung und seines Ehrgeizes mit dem Projekt nicht sonderlich erfolgreich war. „Baader war innovativ und reaktionär gleichzeitig", erklärt Uwe Gerd Schatz und konkretisiert: „Er machte zwar wichtige Erfindungen und erkannte, dass der Gütertransport per Schiff auf Kanälen durch den Schienenverkehr ersetzt werden konnte. Aber er vertraute der Technik zu wenig." Während Baader seine Wagen auf den Schienen von Pferden ziehen ließ, tüftelten seine Kollegen in England bereits an Lokomotiven. Er habe wohl, so vermutet Schatz, den Tieren mehr vertraut als einem Gefährt mit Dampfkessel. Außerdem hielt er die Lokomotiven für zu schwer, als dass sie Strecken schnell zurücklegen könnten. „Dabei ist ja eigentlich auf den ersten Blick erkennbar, dass ein schneller Transport mit Pferden nicht möglich ist." Aber Baader musste den Lokomotiven doch einen Vorteil zugestehen: Trotz ihres Gewichts waren sie in der Lage, Steigungen mit vergleichsweise hoher Geschwindigkeit zu bewältigen. So kam es, wie es kommen musste: Zwei Wochen, nachdem Baader am 20. November 1835 gestorben war, fuhr der dampfgetriebene „Adler" das erste Mal von Nürnberg nach Fürth. „So hat die Lokomotive seine Ideen doch noch überholt", bedauert Uwe Gerd Schatz.

Heike Thissen

So geht's zum Bahndamm:

Der flache Damm, auf dem einst die Schienen der Versuchsstrecke verliefen, ist innerhalb der Mauern des Nymphenburger Parks am Tor zur ehemaligen Orangerie zu sehen. Auf der Außenseite der Mauer macht die Zuccalistraße dort einen rechtwinkligen Knick.

Die Initialen erinnern an den Galeristen Brakl,
den Erbauer des Gebäudes.

17

Initialen

Kunst und Studenten, denen ein Licht aufgeht

W as war das für ein bedeutender Ort der Münchner Kunstszene! Hier wurden Werke des Blauen Reiters verkauft, hier stellten lokale Münchner Größen wie die Mitglieder der Münchner Secession, der Luitpold-Gruppe oder der Künstlergruppe Scholle aus, hier wurden Exponate aus der Porzellanfabrik Lorenz Hutschenreuther präsentiert.

Wer in dieser Galerie zu einer Vernissage eingeladen war, der galt was, hier traf sich die Crème de la Crème. Ist von all dem Glanz und Gloria nichts mehr übrig geblieben? Doch, denn das Gebäude, die heutige Medizinische Lesehalle der Ludwig-Maximilians-Universität München, steht noch. Auf seiner Seite befinden sich die Initialen FJB für Franz Josef Brakl (1854–1935), den Mann, der die Galerie einst gründete. Dr. Wolfgang Burgmair, Leiter des Historischen Archivs am Max-Planck-Institut, hat sich ausführlich mit der Geschichte der Galerie befasst – und die Initialen bei einem seiner Rundgänge ums Haus entdeckt.

Brakl ist ein bekannter Opernsänger und Direktor des Theaters am Gärtnerplatz, zieht sich aber 1905 aus dem Theater- und Musikleben zurück. Schon als Jugendlicher hat er leidenschaftlich gern Gemälde gesammelt, aus seiner Zeit in der Musik- und Künstlerszene

Dr. Wolfgang Burgmair findet es faszinierend, was sich in diesem Haus alles abgespielt hat.

hat er ein bisschen Geld. Anders gesagt: „Die Stelle des Direktors vom Münchner Gärtnerplatztheater hat er sich auf den Leib schneidern lassen", erzählt Dr. Wolfgang Burgmair. „Es war eine feste Stelle, die er dann verkaufen konnte, und vom Erlös des Stellenverkaufs hat er eine Galerie eröffnet." Wie das möglich ist? Er habe sich die Stelle radizieren, also als Eigentum übertragen lassen. „Daher konnte er auch den Posten später verkaufen."

Als Galerist ist Brakl äußerst erfolgreich: So sehr, dass er im Jahr 1913 das Dreiecksgrundstück zwischen der Lessingstraße und der Goethestraße kaufen kann. Dort lässt er von Emanuel von Seidl (1856–1919), einem bedeutenden und viel beschäftigten Münchner Architekten, ein Galeriegebäude mit Oberlicht und angrenzendem Wohnhaus errichten.

Heute wird das Haus von Studenten der Ludwig-Maximilians-Universität als Lesehalle genutzt. Wie aber kam die Universität in den Besitz des Gebäudes? „Das hat mit der deutsch-amerikanischen Ärztin Sophie Nordhoff-Jung zu tun", erklärt Burgmair. Die Gärtnerstochter aus Bielefeld (1864–1943) wandert in die USA, studiert dort Medizin und kommt mit der Präsidentenfamilie Roosevelt in Kontakt. Sie wird eine nahe Beraterin und Freundin der als sehr extravagant geltenden Roosevelt-Tochter Alice Roosevelt Longworth (1884–1980), die vor dem Ersten Weltkrieg eine Art „Enfant Terrible" und bis zum Ende ihres fast 100-jährigen Lebens eine skandalumwitterte Person gewesen sei: Affären, Provokationen und derlei Dinge mehr. „Und gerade Sophie Nordhoff-Jung war ihre Vertraute", sagt Burgmair. Zusammen mit ihrem Ehemann Dr.med. Franz August Richard Jung eröffnet sie eine Praxis in Washington D.C. Doch dann bricht der Erste Weltkrieg aus. „Wie viele der so genannten Deutsch-Amerikaner war sie zu Anfang des Ersten Weltkriegs für Deutschland begeistert", erzählt Burgmair. „Sie ging zurück in ihr Vaterland, zwischen 1914 und 1916 betrieb sie hier mit deutsch-amerikanischen Unterstützungsgeldern ein Hilfsspital."

Als die USA 1917 in den Krieg gegen Deutschland eintreten, wird ihr Engagement von amerikanischer Seite freilich mit größter Skepsis gesehen. „Ihre amerikanischen Freunde sperren Sophie das Geld erstmal." Nach 1919 habe ihr Gatte versucht, „die Gelder wieder freizubekommen", wie Burgmair sagt. „Das gelang ihm auch – leider hat er bei den schwierigen Verhandlungen mit den Behörden seine Gesundheit ruiniert und starb." Sophie Nordhoff-Jung habe das ihren amerikanischen Landsleuten nie verziehen und daher die Münchner Universität gefördert und nicht eine amerikanische: „Als die Münchner Uni in der Wirtschaftskrise finanziell schlecht dastand, hat sie ihr einen Großteil ihres Vermögens angeboten, um hier diese Galerie zu kaufen und eine Fachbibliothek für die Medizinstudenten einzurichten", erklärt Wolfgang Burgmair. Denn die Galerie Brakl habe unter der Wirtschaftskrise ebenfalls leiden müssen und sei pleite gewesen.

An die Galerie – oder besser: ihren Besitzer – erinnern noch die Initalen an der Seite des Gebäudes. Und die Münchner Medizinstudenten, die jetzt hier ein- und ausgehen, werden dank des immer noch erhaltenen Oberlichts buchstäblich von oben erleuchtet, wenn sie das Vestibül der Lesehalle betreten.

Eva-Maria Bast

So geht's zu den Initialen:

Die ehemalige Galerie, die heutige Medizinische Lesehalle der Ludwig-Maximilians-Universität, steht zwischen der Lessingstraße und der Goethestraße. Die Initialen sind auf der Seite zu sehen, die zur Goethestraße hin zeigt. Die Lessingstraße geht von der Paul-Heyse-Straße ab.

Stolz thront die Statue des Schmieds von Kochel über der Lind-
wurmstraße in Sendling. Doch den Mann hat es nie gegeben.

18 Statue

Tapferer Kämpfer ohne historisches Vorbild

Was für ein Mannsbild! Breite Schultern, muskulöser Ober-
körper, den Blick entschlossen nach vorn gerichtet, die
Stange seiner riesigen Bayernfahne lässig über die
Schultern gehängt. Die Schmiedeschürze hängt schwer
von seiner Hüfte, den Hammer hält er fest umschlossen in der rechten
Hand. Zur Bronzestatue vom Schmied von Kochel, der in Sendling an
der Isarhangkante am Ende der Lindwurmstraße steht, muss man einfach bewundernd aufblicken. Das liegt zum einen an seiner imposanten
und überlebensgroßen Statur, zum anderen daran, dass er auf einem

massiven Steinsockel steht. Und erst recht, wenn man seine Geschichte hört, zollt man diesem Mann allerhöchsten Respekt. Wie er bei der Sendlinger Mordweihnacht die Bauern gegen die kaiserlichen Truppen führte, wie er mit seiner Keule immer mehrere Feinde auf einmal traf und wie er die Bayernfahne unter Einsatz seines Lebens zu verteidigen suchte – wenn auch ohne Erfolg. Bemerkenswert! Es ist nur leider so: Den Schmied von Kochel hat es nie gegeben!

„Der Schmied von Kochel ist eine Sagengestalt", stellt Klaus Huber vom Historischen Arbeitskreis Sendling klar. Lange Zeit habe man geglaubt, der tapfere Handwerker habe tatsächlich gelebt und in der Schlacht mitgekämpft. „Aber es gibt keine einzige Stelle in einem der akribisch geführten Vernehmungsprotokolle, an der er erwähnt wird. Der einzige Schmied, der in Kochel lebte, war älter als 60 Jahre – der hat bestimmt nicht in Sendling mitgekämpft." Da darf man sich durchaus fragen, wie es dazu kam, dass nicht nur seit Anfang des 20. Jahrhunderts die Statue dort steht, sondern auch auf der anderen Straßenseite an der alten Sendlinger Kirche ein großes Wandbild mit ihm als Mittelpunkt zu sehen ist.

„Dafür muss man sich die Geschichte des Bauernaufstands von 1705 ansehen, um das zu verstehen", erklärt Huber. Zum Aufstand kommt es, weil die kaiserlichen Truppen im Spanischen Erbfolgekrieg (1701–1714) nach der Schlacht bei Höchstadt 1704 Bayern besetzen. Von nun an hat die Bevölkerung unter schweren Repressalien zu leiden: Die Abgaben steigen bis auf das Siebenfache an. Versorgungsleistungen werden gewaltsam eingetrieben. Armeewerber durchstreifen Wald und Land auf der Suche nach jungen Männern und zwingen sie zum Armeedienst. Sie sollen in Italien und auf dem Balkan in den Krieg ziehen und die Soldaten der kaiserlichen Truppen ersetzen, die dort gefallen sind. „Ein Jahr lang halten die Bayern unter diesen Bedingungen durch, dann ist ihre Geduld erschöpft", sagt Klaus Huber. Im Herbst 1705 erhebt sich nach vereinzelten Protestaktionen ein regelrechter Volksaufstand. Die Männer sehen nicht ein, warum sie in einer Sache kämpfen sollen, die sie nicht betrifft, weit entfernt von ihrer Heimat, die sie so lieben. „Lieber bairisch stea'm als kaiserlich verdea'm" – dieser Spruch wird zu ihrem Motto. „Sie wollten lieber in Bayern sterben, als ihr Leben für die Kaiserlichen zu lassen", übersetzt Huber ins Hochdeutsche.

„Man spricht zwar immer vom ‚Bauernaufstand'. Aber tatsächlich war es ein Volksaufstand. Da kämpften Bauern Seite an Seite mit Beamten, Soldaten und Handwerkern", fügt er an.

Vor allem die Unterländer aus Braunau im Alpenvorland sind die treibende Kraft. „Sie wollten die kaiserlichen Besetzer vertreiben, das besetzte München stürmen und Kurfürst Max Emanuel zurück ins Amt heben", sagt Huber. Eigentlich kein schlechter Plan. Doch obwohl sich mehrere Hundert Unterstützer versammeln, sind sie den Kaiserlichen weit unterlegen. Sie sind zwar hoch motiviert, aber zu wenige kämpfen in ihren Reihen und zu schlecht ist ihre Ausrüstung, als dass sie den Truppen wirklich etwas entgegenzusetzen hätten. Huber nennt ein Beispiel: „Teilweise sind sie sogar nur mit Stöcken oder Mistgabeln bewaffnet."

Immerhin 3000 Mann rücken aus Oberbayern gen München. Vor den Toren der Stadt wollen sie sich mit den Bauern aus Niederbayern vereinigen. Doch denen sind von Soldaten sämtliche Wege versperrt. Also versuchen es die tapferen Oberländer allein. An Heiligabend des Jahres 1705 feiert keiner von ihnen Weihnachten mit seiner Familie. „Am nächsten Morgen machen sie sich auf nach München und erstürmen den Roten Turm. Aber als kaiserliche Truppen den Soldaten in der Stadt zu Hilfe kommen, sind die Bauern machtlos", sagt Huber. Das Gemetzel beginnt.

Auch in einem Wandbild an der alten Sendlinger Kirche ist der Schmied als Held dargestellt.

Dennoch gelingt es ungefähr 250 Aufständischen, sich zurück nach Sendling durchzuschlagen und sich dort zusammen mit den Zurückgebliebenen in der Kirche zu verschanzen – in der Hoffnung, in einem Gotteshaus vor den Angreifern in Sicherheit zu sein. „Und jetzt kommt der Schmied von Kochel ins Spiel", verrät Huber. Der riesige Mann soll die Bauern dann gegen die Truppen geführt und mit einer 50 Kilo schweren Keule, die mit Nägeln gespickt war, unter den kaiserlichen Soldaten gewütet haben. Als letzter der Aufständischen sei er mit der Bayernfahne in der Hand gestorben – durch einen hinterhältigen Schuss in den Rücken. Tatsächlich gab es bei Sendling jedoch keine Schlacht, sondern einen Massenmord.

„Hauptmann Matthias Mayer, der die Bauern anführte, erkannte, dass sie gegen die Übermacht keine Chance mehr hatten, und hisste die weiße Flagge", rekonstruiert Huber das Geschehen. Der österreichische General Georg Friedrich von Kriechbaum (1665–1710) habe zunächst so getan, als wolle er Gnade walten lassen, und verlangt, dass die Aufständischen ihre spärlichen Waffen streckten. „Dann müssen sie aus der Kirche raus und aufs offene Feld. Und dann beginnt, was wir heute die ‚Sendlinger Mordweihnacht' nennen: Der General gibt seinen Soldaten grünes Licht zum Töten der Aufständischen", beendet Huber die traurige Geschichte. Die Soldaten werfen die, die nicht sofort tot sind, zur Abschreckung auf die Münchner Straßen. Drei Tage lang darf ihnen niemand helfen. Die Anführer werden auf dem heutigen Marienplatz publikumswirksam enthauptet. 1031 Menschen kostet die Mordweihnacht insgesamt das Leben. Auf dem Sendlinger Friedhof liegen 204 von ihnen begraben. Der Bauer Michael Warnberger ist der einzige Sendlinger unter ihnen. Doch einen Schmied von Kochel gibt es unter den Toten nicht.

Der Sendling-Experte Klaus Huber steht am Eingang des Friedhofs, auf dem die Opfer der Mordweihnacht begraben liegen.

Diesen vorbildhaften Mann haben sich die Bayern später zum Helden erkoren. „In den schlimmen Zeiten der Napoleonischen Kriege brauchten sie ein Vorbild, zu dem sie aufschauen konnten", vermutet Klaus Huber. Der Schmied vereint in seiner Person alles, was ein echter Mann braucht: Stolz, Ausdauer, den Mut zum Widerstand und eine Liebe zum bayerischen Heimatland, die selbst angesichts des Todes nicht verblasst. So gesehen ist die Statue in der Lindwurmstraße eine sehr gelungene Darstellung des bayerischen Helden.

Heike Thissen

So geht's zur Statue:

Die Bronzestatue des Schmieds von Kochel steht in Sendling am Ende der Lindwurmstraße gegenüber der alten Sendlinger Kirche.

19

Supraporte

Ein Kurfürst und sein treuer Freund

Der Mann beherrscht das Bild, beherrscht die ganze Szene. Die Farben seiner Kleidung sind deutlich kräftiger als die seines Umfeldes, dadurch und durch seine exponierte Stellung – und auch durch die unglaubliche Präsenz seiner Körperhaltung – wird deutlich: Er ist die Hauptperson der Supraporte, also des Gemäldes über dem Seiteneingang des Hofgartens.

Wer aber ist der Mann? Die Art und Weise seiner kräftigen Ausgestaltung wird umso merkwürdiger, wenn man weiß, dass der weit weniger in den Vordergrund gerückte Blonde neben ihm Karl Albrecht von Bayern (1697–1745) ist. Handelt es sich bei dem Mann in der Bildmitte gar um seinen Vater, Kurfürst Maximilian II. Emanuel (1662–1726)? Aber der sah doch nicht so südländisch aus? Stadtarchivar Dr. Michael Stephan weiß das Rätsel zu lösen: „Das ist Alessandro Ferdinando Francesco Marchese di Maffei", stellt er vor.

Alessandro Maffei wird 1662 in Verona geboren und stirbt 1730 in München. In den 68 Jahren dazwischen liegt ein sehr bewegtes und sehr vom Militär geprägtes Leben, das immer an der Seite von Max Emanuel spielt: Alessandro kommt im Alter von neun Jahren an den bayerischen Hof, dafür hat seine Mutter, Silvia Gräfin Pellegrini, gesorgt. „Der kurfürstliche Sohn, Max Emanuel, war in etwa dem gleichen Alter, die beiden wuchsen praktisch miteinander auf und blieben ein Leben lang Vertraute", erzählt Michael Stephan.

Alessandro Maffei macht nach seiner Kadettenausbildung Karriere in der Armee, Max Emanuel wird 1679 Kurfürst und modernisiert das bayerische Heer. Im Gegensatz zu seinem Vater, der stets versuchte, sein Fürstentum aus Konflikten herauszuhalten, mischt sich Max Emanuel offensiv in die Politik ein. So unterstützt er den Kaiser auch mit einem großen Soldatenheer, als die Türken 1683 die Stadt Wien belagern. Auch Maffei kämpft für die Befreiung Wiens, die schließlich gelingt.

....

Dr. Michael Stephan betrachtet das Gemälde immer wieder gern.

Als italienischstämmiger Offizier ist Maffei keine Seltenheit: „Ende des 17. Jahrhunderts waren etwa 20 Prozent der Offiziere in der bayerischen Armee Italiener", erzählt Michael Stephan, dessen Spezialgebiet das Thema „Migration in der Geschichte Bayerns" ist.

Auch in der Belagerung Belgrads kämpfen die Freunde – der Kurfürst und Maffei – Seite an Seite. Inzwischen ist Max Emanuel 1688 Oberbefehlshaber geworden, seine kämpferischen Aktivitäten in den vordersten Reihen bringen ihm wegen seiner blauen Uniform den Namen „Blauer König" ein, unter dem er heute noch bekannt ist.

Beide Freunde steigen weiter auf: Max Emanuel wird in den 1690er-Jahren Generalstatthalter der Spanischen Niederlande, Maffei wird Oberst und erhält ein Jahr später ein rund 5.000 Mann starkes Heer, das „Regiment Maffei".

„Und dann wechselte Max Emanuel die Seiten – und Maffei folgte ihm", erzählt der Stadtarchivar. Der Grund war der Tod Karls II. von Spanien (1661–1700). Karl II. hatte keine Kinder, die Frage seiner Thronfolge führte 1701 zum Spanischen Erbfolgekrieg, der bis 1714 dauern sollte.

Max Emanuel und Alessandro Maffei kämpfen auf der Seite Frankreichs: Philipp V. von Anjou (1683–1746), ein Neffe Max Emanuels, soll als Thronfolger in Spanien durchgesetzt werden, was schließlich auch gelingt. Max Emanuel aber kann im Krieg keine großen Erfolge für sich erzielen. „Nach der Niederlage von Höchstädt musste er Bayern, das nun von Österreich besetzt wurde, 1704 verlassen", erklärt Michael Stephan (siehe Geheimnis 18). Maffei ist inzwischen „Commendant der Churfürstlichen Haupt- und Residenzstadt München". Als solcher überwacht er die Demobilisierung der bayerischen Truppen und folgt dem Kurfürsten anschließend ins Exil, wo er Max Emanuel auch zur Seite steht, als 1706 die Reichsacht über ihn verhängt wird. Max Emanuel wird von französischer Seite unterstützt und 1711 von den Franzosen zum Herrscher der spanischen Niederlande ernannt. Dank ihrer Hilfe kann er nach dem Krieg 1714 als Kurfürst von Bayern zurückkehren, das haben die Franzosen in den Friedensverhandlungen ausgehandelt. „Er hat sich dann auch am nächsten Türkenkrieg beteiligt, nicht zuletzt, um sich mit den Habsburgern wieder zu vertragen", erklärt Michael Stephan. Der Kurfürst hatte wohl Hoffnungen, nach dem Tod des Kaisers Josef I. von dessen Erbe zu profitieren, eine Hoffnung, die durch die Heirat seines Sohnes Karl Albrecht mit der Kaisertochter Maria Amalia von Österreich (1701–1756) untermauert werden sollte. Eben jenem Karl Albrecht, der auf der Supraporte in der Schlacht von Belgrad dargestellt ist. „Max Emanuel hat Maffei vermutlich nach Belgrad geschickt, um Karl Albrecht zu unterstützen und dafür zu sorgen, dass ihm in der Schlacht von Belgrad nichts passiert", sagt Michael Stephan. Kein Wunder, dass Max Emanuel seinem Sohn den treuen Freund zur Seite stellte, hatte er mit dem Tod seiner Kinder doch schon einige Erfahrungen machen müssen: Die drei Kinder aus seiner Ehe mit der Kaisertochter Maria Antonia (1669–1692) starben früh. Und von den zehn Kindern aus seiner Ehe mit Prinzessin Therese Kunigunde von Polen musste der Kurfürst vier zu Grabe tragen.

Die Supraporte ist Teil einer ganzen Galerie von Gemälden in den Hofgartenarkaden. „Das ist ein wunderbares Geschichtsbuch im Freien", findet der Historiker. Geschaffen worden sei die Wandmalerei nach einer Idee von Ludwig I. (1786–1868). „Er war ein großer Förderer der Kunst und wollte auch sein Volk in diesem Sinne erziehen." Deshalb habe er den Maler Peter von Cornelius (1783–1867) beauftragt, einen Zyklus von Geschichtsbildern in die Hofgartenarkaden malen zu lassen. Die Werke, ausgeführt von verschiedenen Schülern Cornelius', entstanden 1826 bis 1829. Sie beginnen in nichtchronologischer Reihenfolge 1155 und enden 1818 mit der Bayerischen Verfassung. 1829 wurde die Freilicht-Galerie mit dem Oktoberfest eröffnet. „Aber es war keine gelungene Veranstaltung, es hat geregnet", sagt Michael Stephan. Überhaupt habe sich das Volk nicht so für das „Geschichtsbuch im Freien" interessiert, wie König Ludwig I. sich das erhofft hatte. „Und auch heute", bedauert der Historiker, „gehen die meisten achtlos daran vorbei."

Machen wir dem König doch posthum die Freude und schenken den Gemälden die gebührende Aufmerksamkeit. Es lohnt sich wirklich!

Eva-Maria Bast

So geht's zur Supraporte:

Das Gemälde befindet sich, vom Hofgarten aus gesehen, über dem linken Seitenausgang zum Odeonsplatz.

Hier wurde Kurt Eisner im Februar 1919 ermordet.

20
Kurt-Eisner-Denkmal
Jedes Menschenleben soll heilig sein

Wenn die Polizei eine Leiche findet, zeichnet sie im Zuge der Tatortsicherung die Umrisse des Toten mit Kreide auf dem Boden nach. Nach einigen Tagen, wenn der Tatort nicht mehr abgesperrt ist, verschwindet die Zeichnung wieder. In München jedoch gibt es eine solche Umrisszeichnung, die, wenn schon nicht in Stein gemeißelt, so doch in Metall gegossen wurde. Dieser Bronzeumriss bildet einen Toten ab, der hier am 21. Februar 1919 lag: Kurt Eisner (1867–1919). Christian Ude, langjähriger Oberbürgermeister von München und seit 2014 im Ruhestand, kennt seine Geschichte.

Kurt Eisner, erzählt er, war Mitglied der SPD, später der USPD, monarchiekritischer Schriftsteller und Anführer der Revolution im November 1918 in Bayern. Als Ende Oktober der Befehl zu einem

Angriff der deutschen Flotte auf englische Kriegsschiffe erteilt wurde, meuterten die Marinesoldaten, weil ihnen klar war, dass dieses Unternehmen nicht von Erfolg gekrönt sein konnte, sondern ihren sicheren Tod bedeutete. Soldatenräte und Arbeiterräte wurden gebildet, anfangs in den Hafenstädten, wo die Marine stationiert war. Doch die revolutionäre Bewegung breitete sich rasend schnell aus. Ein Bundesfürst nach dem anderen wurde zur Abdankung gezwungen, beginnend am 7. November mit dem Sturz der Wittelsbacher im Königreich Bayern. Damit war Bayern Freistaat, also eine Republik.

Schon im Oktober 1918 hatte es auf Reichsebene eine Reform gegeben, die die 1871 von Reichskanzler Otto von Bismarck (1815–1898) eingeführte Verfassung dahingehend änderte, dass die kaiserliche Regierung dem Parlament verantwortlich wurde. Diese Oktoberreform entsprang jedoch nicht dem Wunsch des Kaisers, sondern der Notwendigkeit, Zugeständnisse an den amerikanischen Präsidenten Woodrow Wilson (1856–1924) zu machen, der ohne diesen Schritt nicht bereit war, sich für einen Waffenstillstand zwischen dem Deutschen Reich und der Entente einzusetzen. Und einen Waffenstillstand forderte die Oberste Heeresleitung (OHL) vehement, seit klar war, dass der Krieg für Deutschland trotz aller lange aufrechterhaltenen gegenteiligen Behauptungen nicht zu gewinnen war. Aber die Verantwortung für diesen Schritt sollte nicht der Kaiser und nicht die OHL selbst, sondern eine aus dem Parlament hervorgegangene Regierung tragen. Es handelte sich demnach um eine „Revolution von oben", mit der die Verantwortlichen einerseits dem Kriegsgegner entgegenkommen und andererseits die Schuld am verlorenen Krieg dem innenpolitischen Gegner zuschieben wollten.

Der Historiker Golo Mann hat das einmal so beschrieben: „Auf die schwache Revolution von oben, die Parlamentarisierung im Oktober, folgte in den ersten Novembertagen eine schwache Revolution von unten, ein Militärstreik."

In der Nacht zum 8. November 1918 erklärte Kurt Eisner die Monarchie der Wittelsbacher für beendet und rief die Republik Bayern aus. Der Münchner Arbeiter- und Soldatenrat wählte ihn zum ersten Ministerpräsidenten des Freistaats. Natürlich hatte er Gegner. Die kamen aus dem völkisch-nationalistischen Lager und hielten von der

Revolution rein gar nichts. Eisner erhielt Morddrohungen. Am 21. Februar 1919 wollte sein Sekretär ihn lieber durch den Hintereingang zum Bayerischen Hof gehen sehen, was Eisner mit den Worten abtat: „Man kann einem Mordanschlag auf die Dauer nicht ausweichen, und man kann mich ja nur einmal totschießen."

Doch es war sein Todestag: Eisner ging durch die Kardinal-Faulhaber-Straße – und wurde getötet. Sein Mörder: Anton Graf von Arco, ein völkisch-nationalistischer Student. Zwei Schüsse waren es, die ihn

Christian Ude blickt durch das Glas des Denkmals für Kurt Eisner.

in Rücken und Kopf trafen. Der Mörder wurde zwar durch Schüsse von Eisners Leibwächtern schwer verletzt, konnte aber gerettet werden. „Zu Kurt Eisners Beerdigung kamen 100.000 Menschen", sagt Christian Ude.

Und Graf Arco? „Der wurde wegen Mord vor Gericht gestellt", erzählt der ehemalige OB. Seine gerechte Strafe habe er aber nicht erhalten. Zwar wurde er zum Tode verurteilt, das Urteil wurde jedoch am Tag darauf in lebenslange Haft umgewandelt. Und die endete 1924 im Rahmen einer Amnestiewelle. „Das war wirklich ein Justizskandal", kommentiert Ude. „Übrigens war der Richter, der ihn so glimpflich behandelt, fast verhätschelt hat, derselbe, der das Fehlurteil beim Hitlerputsch gefällt hat."

Im Urteil stand, Graf Arco habe das Verbrechen in „nicht niederer Gesinnung" begangen, sondern aus „glühender Liebe zum Vaterland". Er sei in Bayern regelrecht verehrt worden, ärgert sich Ude. „Es gab Postkarten mit seinem Porträt und er wurde verherrlicht als einer, der sein eigenes Leben für die völkische Sache auf Spiel gesetzt hat."

Kurt Eisner hingegen sei in Bayern jahrzehntelang nicht angemessen gewürdigt, sondern eher verleumdet worden, findet der ehemalige Oberbürgermeister deutliche Worte. „Er wurde von den Deutschnationalen und später von den Nazis für Morde verantwortlich gemacht, die lange nach seinem Tod geschehen sind!" Mit der historischen

Wahrheit, dass Eisner für die friedliche Revolution im November 1918 verantwortlich war, habe man lange keinen Frieden geschlossen, sondern eine rechte, völkische Propaganda gegen ihn gefahren. „Und deswegen war es auch lange Zeit nicht möglich, seiner in würdiger Form zu gedenken." Eine kleine Erinnerungstafel sei mitten auf eine Straßenbahninsel gesetzt worden, wo sie keiner sehen konnte, weil rechts und links Schienen vorbeiführten. Doch dann fand ein Kunstwettbewerb statt, bei dem sich die Jury für Künstlerin Erika Maria Lankes entschied. „Da setzte sich 1989 der Entwurf durch, der sich jetzt am Tatort auf dem Boden befindet", sagt Ude. „Das ist ein doch sehr erschreckendes Denkmal." Denn es erinnere in unmissverständlicher, optisch sofort erkennbarer Weise daran, dass hier ein Verbrechen, ein Mord, stattfand.

So eindrucksvoll das Denkmal sein mag: Christian Ude war immer der Meinung, dass der „Strich auf dem Boden" nicht ausreicht, um Kurt Eisner eine angemessene Würdigung zuteilwerden zu lassen. Deshalb veranlasste er ein weiteres Denkmal, das nicht nur an Eisners Tod, sondern auch an sein Leben und sein Werk erinnern soll. Den Wettbewerb gewann die Künstlerin Rotraud Fischer. Ihr Werk ist aus Glas, an einer Stelle befindet sich ein Loch, ein Einschlag, der an die Kugeln erinnern soll, mit denen Eisner ermordet wurde. Außerdem steht in großen Lettern ein Zitat von Kurt Eisner aus dessen Revolutionsrede geschrieben: *Jedes Menschenleben soll heilig sein.*" Und das, sagt Christian Ude, sei für ihn herausragend, weil es sich „so wohltuend von allen blutrünstigen und martialischen Revolutionsaufrufen abhebt, von tiefer Humanität geprägt ist und die friedlichen Revolutionen siebzig Jahre später vorwegnahm."

Eva-Maria Bast

....

So geht's zu den Denkmalen:

Das Denkmal mit dem Umriss Kurt Eisners befindet sich in der Kardinal-Faulhaber-Straße vor dem Montgelas-Palais.
Das 2011 errichtete gläserne Denkmal steht am Oberanger.

21

Denkmal

Suppe, warme Unterwäsche und ein Park

D as ist ein Mann, den man gerne gekannt hätte. Was hat er nicht alles für München und die Welt getan! Im Englischen Garten erinnert ein Denkmal an ihn, an dem aber, wie der Historiker Dr. Reinhard Bauer beobachtet, zahlreiche Münchner und deren Gäste vorübergehen, ohne es wahrzunehmen. Sein Name? Benjamin Thompson. Und später dann: Reichsgraf von Rumford.

Benjamin Thompson (1753–1814) wird bei Boston in den englischen Kolonien in Nordamerika geboren. Nach München kommt er über eine Bekanntschaft mit dem späteren bayerischen König Maximilian I. Joseph (1756–1825). Unter dessen Onkel, Kurfürst Karl Theodor, wird er Minister.

Seine erste Aufgabe ist die Reorganisation der Armee. „Die befand sich damals in einem sehr desolaten Zustand", erzählt Dr. Reinhard Bauer, der sich bestens in Münchens Stadtgeschichte auskennt und mehrere Bücher darüber verfasst hat. „Thompson ließ in jeder Garnison von den Soldaten Gärten anlegen, um ihre Lebensmittelversorgung zu verbessern und sie in Landwirtschaft auszubilden, auch auf dem Gebiet des heutigen Englischen Gartens." Gegen kalte Tage an der Front erfand der Kriegsminister wärmespeichernde Unterwäsche. Sein Ziel war, Armut und Elend zu bekämpfen. Damit wurde er zum Sozialreformer

„*Thompson ließ in jeder Garnison von den Soldaten Gärten anlegen, um ihre Lebensmittelversorgung zu verbessern und sie in Landwirtschaft auszubilden.*"

und seine Anstrengungen weiteten sich bald aus. „Er wollte die Lebensumstände der Bevölkerung verbessern und ließ in München Armenhäuser, Schulen für Soldatenkinder, Arbeitshäuser und Manufakturen errichten. Er erfand den – nach ihm benannten – Rumford-Herd, einen energiesparenden Küchenherd, entwickelte verbesserte

Dr. Reinhard Bauer bringt Graf Rumford große Bewunderung entgegen.

Öfen, Kamine und Lampen und eine funktionale Kücheneinrichtung", erzählt Bauer. Und er kreierte für die Suppenküchen die „Rumfordsuppe". „Das ist ein billiges, aber nahrhaftes Eintopfgericht, das europaweit Verbreitung in der Armenfürsorge fand", erklärt der Historiker. „Hauptbestandteil waren Kartoffeln, die, bislang von der bayerischen Bevölkerung abgelehnt, von Thompson als Volksnahrungsmittel propagiert wurden."

Noch ein paar Fakten in Kürze: 1785 wurde Rumford Ehrenmitglied der Bayerischen Akademie der Wissenschaften und dann nacheinander Generalmajor, Generalleutnant, Oberkommandierender der Armee, Kriegsminister und Polizeichef.

Heute noch profitieren die Menschen in München von seinem Wirken: Ihm ist nämlich der Englische Garten mit zu verdanken. „1789 begannen, angeregt durch die Revolution in Frankreich, Arbeiten zur Anlage des bereits vorher in Teilen als Militärgarten genutzten Englischen Gartens", sagt Bauer. „Gleichzeitig ließ er die Befestigungsanlagen um die Stadt, die diese nur noch einschränkten, beseitigen und schuf den Karlsplatz." Historiker Marcus Junkelmann beurteilt Rumfords Wirken so: „… der erfinderische Graf war ganz ein Vertreter des aufgeklärten Absolutismus, der Menschenfreundlichkeit mit größtmöglichem Nutzeffekt, Reformfreude mit autoritärer Ordnungsleidenschaft zu verbinden verstand."

Ein großes Denkmal für einen großen Mann.

In den 1790er-Jahren habe der Kurfürst Thompson mit dem Titel Graf von Rumford in den Reichsgrafenstand erhoben, erklärt Dr. Reinhard Bauer. Der Name wurde nach dem Heimatort seiner ersten

Frau ausgewählt. 1793/94 reiste er für mehrere Monate nach Italien, 1795/96 nach Großbritannien. Dort knüpfte er enge Kontakte zu Regierungs- und Parlamentsmitgliedern, Naturforschern der „Royal Society", Agrarspezialisten und Manufakturisten, Sozialreformern und Philanthropen. Als im Sommer 1796 französische Armeen nach Süddeutschland vorstießen, wurde Rumford nach München zurückbeordert und kurz vor Karl Theodors Flucht zum bayerischen „Oberstfeldstatthalter" berufen. Er leitete die Evakuierung, verhandelte mit Franzosen und Österreichern, installierte Volksküchen und bewahrte die Hauptstadt vor Besetzung, Plünderung und Hungersnot.

Rumford verließ München anschließend wieder und widmete sich erneut wissenschaftlichen Studien in London und Frankreich, wo er am 21. August 1814 starb.

Das Denkmal im Englischen Garten, das noch zu seinen Lebzeiten für ihn errichtet und von Franz Jakob Schwanthaler (1760–1820) aus Kalktuff, Sandstein und Marmor gestaltet wurde, erinnert an Graf Rumford, der, wie Reinhard Bauer sagt, „einer der wichtigsten Männer für München war". Selbst wenn man an seinem Denkmal innehält und es betrachtet: Wer weiß das heute noch?

Eva-Maria Bast

....
So geht's zum Denkmal:

Das Denkmal steht Am Hirschanger, am Rand zur Prinzregenten-/Ecke Lerchenfeldstraße.

„P 575" steht für „Parole 575". Der Soldat, der sie in den Backstein geritzt hat, musste noch 575 Tage Wehrdienst leisten.

22 Kritzeleien

Zeichen der Sehnsucht nach Freiheit

Minuten, die sich wie Stunden anfühlen, und Tage, die sich wie Kaugummi in die Länge ziehen: Wer schon einmal eine ungeliebte Arbeit verrichtet oder auf etwas lang Ersehntes gewartet hat, kennt das Gefühl, dass die Zeit in solchen Momenten besonders langsam verstreicht. Je mehr man das Ende herbeisehnt, umso weiter rückt es in die Ferne. Das schienen auch die Soldaten zwischen 1890 und 1918 so zu empfinden, die ihren Wehrdienst in der Münchner Max-II-Kaserne leisten mussten. Denn sie hinterließen Spuren, die noch heute davon künden, wie sehr sie sich auf den letzten Tag ihres Dienstes an der Waffe freuten.

„Wenn man sich ganz nah an die Mauer des ehemaligen Montur-Gebäudes stellt, erkennt man im roten Backstein Kritzeleien, die von den Soldaten stammen. Sie haben dort verewigt, wie lange sie noch Dienst tun mussten", erklärt Franz Schröther, Leiter der Neuhauser Geschichtswerkstatt. Und tatsächlich: Zwischen vielen Strichen und Kratzern lassen sich Kombinationen aus Buchstaben und Zahlen ausfindig machen, die mit Schröthers Erklärung plötzlich einen Sinn ergeben: „Parole 124" steht da zum Beispiel zu lesen oder „P 575". „Parole 124 bedeutet, dass der Soldat noch 124 Tage von seiner Wehrzeit absolvieren musste", erklärt Schröther. Bei der P 575-Inschrift schmunzelt er: „Von den 730 Tagen Wehrpflicht, die es durchzuhalten galt, hatte dieser Soldat noch 575 Tage übrig. Schon nach 155 Tagen im Dienst hat er sich hier verewigt." Über solche jungen Männer hätten die anderen Soldaten oft gescherzt – mit Worten, die sinngemäß lauteten: „Die Parole schon einritzen, aber die Finger noch krumm vom Koffertragen." Für manche Armeeangehörige vergingen die beiden Jahre Wehrzeit eben besonders langsam.

Schröther kann das gut nachvollziehen. Das Wachestehen und -laufen sei ein besonders langweiliger Teil des Wehrdienstes gewesen, erst recht bei Regen. Die Soldaten, die das Gebäude stundenlang umrunden mussten, gehörten zum Königlich Bayerischen 1. Train-Bataillon, das im Kriegsfall für Nachschub und Logistik der Bayerischen Armee zuständig war. In Friedenszeiten bestand die Aufgabe der Train-Bataillone vor allem darin, Nachwuchs auszubilden, um für den Ernstfall gewappnet zu

„Nach den Erfahrungen der Revolution von 1848 hat König Max II. die neue Kaserne als Defensiv-Kaserne erbauen lassen, um im Falle innerer Unruhen die Haupt- und Residenzstadt München verteidigen zu können."

sein. Viele dieser Auszubildenden konnten sich mit ihren 20 Jahren offensichtlich Besseres vorstellen, als den immer selben Weg rund um ein Gebäude zurückzulegen. Dennoch war ihr Dienst wichtig: Im Montur-Gebäude wurde alles aufbewahrt, was die Armee benötigte, um die Truppen zu versorgen – von den Brotbeuteln über die Pferdedecken bis hin zu den Uniformen. Das Haus stand außerhalb der „Kaserne Maximilian II", kurz Max-II-Kaserne, sodass die Soldaten im Ernstfall schnell auf das Material zugreifen konnten. Der „Ernstfall" bezog sich vor allem auf innere Unruhen.

„Nach den Erfahrungen der Revolution von 1848 hat König Max II. die neue Kaserne als Defensiv-Kaserne erbauen lassen, um im Falle innerer Unruhen die Haupt- und Residenzstadt München verteidigen zu können", erklärt Franz Schröther. Bei seinen Recherchen zur Kaserne hat er herausgefunden, dass das Militärgelände an der Leonrodstraße so geplant war, dass sich die Besatzung dort für einige Zeit ohne fremde Hilfe hätte verteidigen können. „Also ließ der König rund um die Kaserne ein freies Schussfeld schaffen." Die Bauarbeiten für Münchens größte Kaserne begannen Ende des Jahres 1860, aber erst 1892 wurde sie ans Münchner Kanalsystem und an die Trinkwasserversorgung angeschlossen. Zur selben Zeit entstand auch das Montur-Gebäude im Nordwesten der Dreiflügelanlage. Dort war untergebracht, was die 2750 Soldaten aus dem 1., 3. und 7. Feld-Artillerie-Regiment, dem 1. Train-Bataillon und der Militärreitschule im Einsatz benötigt hätten.

Man muss schon nah an das ehemalige Montur-Gebäude herantreten, um die Botschaften erkennen zu können.

Dass es das Montur-Gebäude im Gegensatz zur Max-II-Kaserne heute noch gibt, hat nichts mit dem gewissenhaften Dienst der jungen Männer zu tun, sondern damit, dass es die folgenden Jahre unbeschadet überstand. Nach dem Ersten Weltkrieg verlor das Gebäude seine militärische Nutzung. Im Zweiten Weltkrieg wurden große Teile der Kaserne zerstört, die restlichen danach anders genutzt. Inzwischen stehen nur noch zwei Wohngebäude und ein Denkmal. Und das Montur-Gebäude samt seiner Kritzeleien, die daran erinnern, dass die Zeit manchmal einfach viel zu langsam vergeht.

Heike Thissen

So geht's zu den Kritzeleien:

Die Kritzeleien der Soldaten befinden sich an der Außenmauer am ehemaligen Montur-Gebäude. Es steht in der Fasaneriestraße 2 zur Leonrodstraße hin und wird inzwischen vom Bayerischen Hauptstaatsarchiv, Abteilung IV Kriegsarchiv, genutzt.

Wenn in der Kaufinger Straße wenig los ist, kann man die Steine deutlich im Boden sehen.

23

Grundriss im Boden

Einfache Steine für den Schönen Turm

In der Münchner Innenstadt ist es zuweilen so voll, dass man den Boden vor lauter Füßen kaum sehen kann. Das gilt vor allem für die Kaufinger Straße mit ihren vielen Läden, Restaurants und Cafés. Wie schade! Denn so entgeht den Passanten, dass sie vor dem Hirmer-Haus über ein Relikt hinweglaufen, das ihre Aufmerksamkeit durchaus verdient hätte. Doch Stadtführerin Andrea Lehner achtet auf die Steine zu ihren Füßen, ganz egal, wie viel in der bayerischen Landeshauptstadt gerade los ist. „Wenn man genau hinsieht, erkennt man, dass hier in die hellen Bodenplatten graue und rötliche Pflastersteine eingelassen sind. Das sind die Umrisse von einem Gebäude, das bis 1807 hier stand, dem so genannten Schönen Turm", macht sie deutlich.

An dieser Stelle stand eines von fünf Stadttoren als Teil der ersten Münchner Stadtmauer. Seine Namen variierten: Es hieß einst Oberes Tor, 1239 erstmals schriftlich erwähnt, – als Gegenstück zum Unteren

Tor im Osten der Stadt – oder Kaufinger Tor nach der gleichnamigen Kaufmannsfamilie, die zeitweise in dem Torturm wohnte. Doch egal, wie das Bauwerk gerade genannt wurde: Es war wichtig! Denn hindurch führte die Salzstraße, die von den Salzbergwerken in Reichenhall und Berchtesgaden Richtung Augsburg verlief. Ohne diese strategisch so wichtige Ost-West-Verbindung wäre München heute nicht das, was es ist. Da sind sich die Historiker einig. Als das mittelalterliche

Tor zu bröckeln begann, wurde es 1479 abgerissen und durch ein neues ersetzt. „Es wurde im spätgotischen Stil wiederaufgebaut und sein Turm mit wunderschönen Fresken verziert. So entstand der Name Schöner Turm", erklärt Andrea Lehner. Der Torturm musste weiterhin von allen Kaufleuten mit ihren Waren passiert werden, die mit den Münchnern Geschäfte machen wollten.

Mehr als 300 Jahre lang erfüllte er seinen Zweck, bevor er den Ansprüchen der immer weiter wachsenden Stadt nicht mehr gerecht wurde und ein Verkehrshindernis darstellte. 1807 wurde er abgerissen. „Vom Schönen Turm ist nichts geblieben außer diesem Umriss im Boden", bedauert Andrea Lehner. Wenn man die Fassade des Hirmer-Hauses genau betrachtet, entdeckt man etwas, das ebenfalls auf die Existenz des Turms hinweist. Eine Bronzetafel, auf der die wunderschönen Fresken des Turms deutlich zu erkennen sind, eine weitere Inschrift an der Hauswand, die allerdings nur für ein geübtes Auge zu erkennen ist, und – für jeden sichtbar – die Steinskulptur an der Hausecke Kaufinger- und Augustinerstraße: Ein Mann trägt die schwere Last eines Turms auf seinen Schultern. Die Stadtführerin kann diese Darstellung deuten: „Sie erinnert an eine Münchner Stadtsage, in der vermutlich ein kleines Fünkchen Wahrheit steckt." Die Erzählung geht so: Einst hatte ein Goldschmied am Schönen Turm seine Werkstatt. Er war ein rechtschaffener Mann, der stets darauf bedacht war, die Arbeiten zur vollen Zufriedenheit seiner Kunden auszuführen. Doch als er eines Tages mit einem besonders wichtigen Auftrag beschäftigt war – er sollte von hochwertigem Goldschmuck Kopien anfertigen – und aus seiner wohlverdienten Mittagspause zurückkehrte, waren die wertvollen Originalstücke plötzlich verschwunden. Dabei hatte er die Tür sorgfältig verschlossen und nur eines der oberen – für Diebe unerreichbaren – Fenster offen stehen lassen. „Seinem Kunden gegenüber beteuerte er seine Unschuld, doch der glaubte ihm nicht. Und auch der Richter war davon überzeugt, dass er die Schmuckstücke verschwinden ließ, um sich selbst an ihnen zu bereichern", erzählt Andrea Lehner vom traurigen Schicksal des Goldschmieds. Der Mann wurde zum Tode verurteilt, durch das Tor des Schönen Turmes aus der Stadt geführt und hin-

> *„Vom Schönen Turm ist nichts geblieben außer diesem Umriss im Boden."*

gerichtet. Doch als kurze Zeit später Teile des Turms ausgebessert werden mussten, entdeckte ein Handwerker oben ein Dohlennest und fand darin die vermissten Kleinodien. Der Vogel hatte, vom Funkeln und Glitzern angelockt, den Schmuck geraubt. „Seither, heißt es, wandert der Geist des Goldschmieds durch die Münchner Innenstadt und warnt die Menschen vor vorschnellem Urteil", beendet Andrea Lehner die Geschichte.

An dieser Geschichte ist, so viel ist klar, nicht viel mehr dran als die Tatsache, dass am Turm tatsächlich ein Goldschmied gelebt und gearbeitet hat. Denn davon, dass in letzter Zeit jemand seine warnenden Worte vernommen hätte, ist nichts bekannt. Das kann aber auch daran liegen, dass in der Kaufinger Straße zu jeder Tag- und Nachtzeit so viel Trubel herrscht, dass sein leises Flüstern nicht zu hören ist.

Heike Thissen

So geht's zum Grundriss im Boden:

Die Steine, die den Grundriss des Schönen Turms nachzeichnen, befinden sich vor dem Hirmer-Haus in der Kaufinger Straße 28. Die Ecksculptur vom Goldschmied mit dem Turm auf den Schultern ist an der Ecke des Gebäudes zur Augustinerstraße hin angebracht.

24

Skulptur
Der dunkle Teil der Kunstgeschichte

Franz Binder mag die Borstei. Hier lebt und arbeitet er seit 1980. Er mag auch die meisten Skulpturen, die die Gärten und Höfe des Wohnkomplexes zieren. Nur eine mag er nicht – den männlichen Torso des Bildhauers Richard Knecht. Und das hat zwei Gründe: Zum einen findet der Münchner den Torso schlicht und einfach hässlich. Der zweite Grund ist jedoch weitaus bedeutsamer. Als Franz Binder jüngst ein Buch über die nationalsozialistische Deutsche Kunstausstellung in die Hände fiel und er es durchblätterte, entdeckte er darin eben jenen Torso.

Der Lebenslauf des Künstlers in Kürze: Richard Knecht wird 1887 geboren und stirbt 1966. Sein Studium in München dauert von 1906 bis 1914, 1929 wird er Professor und 1937 Mitglied der Preußischen Akademie der Künste in Berlin. Schon 1933 beginnt ein weniger schönes Kapitel seines Schaffens: In diesem Jahr, und auch 1937 bis 1939, beauftragt ihn die NSDAP München mit der Gestaltung der Festumzüge am Tag der Deutschen Kunst. Ab 1939 lehrt er an der Akademie der Bildenden Künste München, nach dem Krieg muss er den Professorentitel allerdings abgeben. Der Grund ist unschwer zu erraten: Seine Nähe zum Naziregime führt zu diesem Schritt. Der „Völkische Beobachter" bezeichnet ihn als den bedeutendsten Münchner Bildhauer. Das ist in dem Jahr, in dem er auch an der Deutschen Kunstausstellung teilnimmt. „Sie galt als die wichtigste kulturelle Veranstaltung im nationalsozialistischen Deutschland", sagt Franz Binder. Er hält es für wichtig, dass dieses dunkle Kapitel deutscher Geschichte nicht in Vergessenheit gerät. Adolf Hitler (1889–1945) machte in seiner Eröffnungsrede zu der Ausstellung klar, dass die von den Nationalsozialisten definierte „Deutsche Kunst" künftig als einzige erlaubt sei: „Deutsch sein, heißt klar sein. Das aber würde besagen, daß deutsch sein damit logisch und vor allem auch wahr sein heißt." Der modernen Kunst, die Hitler als „entartet" bezeichnete, sagte er den Kampf an: „Wir

Franz Binder bringt dieser Skulptur Ablehnung entgegen – und das aus gutem Grund!

werden von jetzt ab einen unerbittlichen Säuberungskrieg führen gegen die letzten Elemente unserer Kulturzersetzung." Um zu zeigen, wie diese „entartete Kunst" denn aussehe, eröffneten die Nationalsozialisten parallel in den Hofgartenarkaden die Ausstellung „Entartete Kunst", die vor allem die Diffamierung der Künstler zum Ziel hatte, die sich jenen von den Nazis gescholtenen Kunststilen, also dem Expressionismus, dem Dadaismus, dem Surrealismus und der Neuen Sachlichkeit, anschlossen. Ein Exponat aus dieser Ausstellung hätte Franz Binder in den Gärten der Borstei besser gefallen und mehr seinem Kunstgeschmack entsprochen.

Apropos: Wie kam die von Richard Knecht geschaffene Skulptur überhaupt von der Kunstausstellung in die Borstei? Und was ist die Borstei eigentlich? Bei der Borstei handelt es sich um eine 773 Wohnungen, 73 Gewerberäume, mehrere Läden und zwei Kindergärten umfassende Anlage, die in den Jahren 1924 bis 1929 von dem Architekten Bernhard Borst (1883–1963) errichtet wurde. Die Gebäude gruppieren sich um sieben Gärten, in denen 51 Skulpturen stehen. „Bernhard Borst hat die Kunst geliebt", sagt Franz Binder. Ob er nicht wusste, dass die Skulptur von einem geschaffen wurde, der dem Nazi-Regime nahestand, oder ob es ihm egal war? Franz Binder kann diese Frage nicht beantworten. „Bernhard Borst hatte das Ziel, eine autarke Wohnanlage zu schaffen, und das ist ihm auch gelungen", erzählt er. In der Tat hat man in der Borstei alles, was man braucht. Auch ist es dort überaus idyllisch: Kinder spielen in den Höfen, in denen es mehrere Spielplätze gibt, Blumen blühen in verschwenderischer Pracht und riesige Bäume spenden Schatten. Und die Skulpturen erzählen von Deutschlands Geschichte. Den düsteren und den hellen Kapiteln.

Eva-Maria Bast

So geht's zur Skulptur:

Der männliche Torso befindet sich in der Borstei. Man entdeckt ihn, wenn man nach dem Haupteingang in das erste Tor rechts abbiegt, dann die Treppen emporsteigt und dem Weg, der sich links in die Gärten zieht, folgt. Die Borstei steht in der Dachauer Straße gegenüber dem Westfriedhof.

Bei dem Kunstwerk aus Edelstahl, auf dem Norbert Winkler sitzt, handelt es sich eigentlich um einen Brunnen. Doch seit mehr als 40 Jahren ist aus ihm kein Wasser mehr geflossen.

25

Anthony-Perkins-Brunnen
Das schweigende Wasserspiel

Auf dem Schulhof der Georg-Büchner-Realschule im Münchner Stadtteil Laim steht ein Kunstwerk aus Edelstahl, dem weder Schüler noch Passanten Beachtung schenken. Zwischen seinen vier nach oben gebogenen „Armen" befinden sich metallene Scheiben, die sich drehen lassen. Und mit seinem Silbergrau fügt es sich so unaufdringlich in den Vorhof der Schule ein, dass sich niemand für das Werk begeistert – und sich niemand an ihm stört. Es fällt schlicht nicht auf. „Das war vor mehr als 40 Jahren, als die Edelstahl-Konstruktion aufgestellt wurde, aber ganz anders", sagt Norbert Winkler vom Historischen Archiv in Laim. Was heute wie ein modernes Kunstwerk aussieht, diente nämlich im August 1972 als Brunnen – aber nur für wenige Tage. Seit mehr als 40 Jahren hat kein Tropfen Wasser die Düsen in den Armen verlassen. Warum? Wegen Lärmbelästigung!

Der Brunnen wurde von Bildhauer Helmut-Otto Schön geschaffen und auf dem Vorplatz der Schule aufgestellt, als diese gerade neu erbaut war. „Schön hat ihn nach Anthony Perkins benannt, dem amerikanischen Schauspieler, der in Alfred Hitchcocks Film ‚Psycho' den krankhaft mutterfixierten Motelbesitzer Norman Bates spielte", erklärt Winkler. „Weil die Düsen das Wasser mit großem Druck auf die hohlen Metallscheiben spritzten, sodass diese sich drehen konnten, muss der Brunnen einen Riesenlärm verursacht haben. Gegen diese Belästigung haben sich die Anwohner gewehrt und so lange protestiert, bis die Schule dem Brunnen im wahrsten Sinne des Wortes den Hahn zudrehte." Seither herrscht Ruhe in der Droste-Hülshoff-Straße. Der Brunnen ist zu einer bloßen Skulptur degradiert.

Verursachte wegen seiner Edelstahl-Konstruktion so großen Lärm, dass er stillgelegt wurde: der Anthony-Perkins-Brunnen in Laim.

Ähnlich erging es auch seinem Namensgeber, dem amerikanischen Schauspieler Anthony Perkins (1932–1992). Der wurde zwar im Jahr 1960 mit Alfred Hitchcocks „Psycho" über Nacht weltberühmt. Doch die Rolle des labilen, psychisch gestörten Jünglings wurde er danach nicht mehr los. Zu sehr schien sie ihm auf den Leib geschneidert. In dem Film, den Kinofans als „Mutter aller Horrorthriller" bezeichnen, spielt er einen Motelbesitzer namens Norman Bates. Als verklemmter Triebtäter verkleidet dieser sich als seine eigene

Mutter und bringt junge Frauen um, die er attraktiv findet. Das Verkörpern einer starken Mutterbindung musste sich Anthony Perkins für seine Rollen nicht erst antrainieren, die kannte er aus seiner eigenen Kindheit nur zu gut: Nachdem er seinen Vater schon mit fünf Jahren verloren hatte, wuchs er in sehr engem Verhältnis zu seiner Mutter auf. Perkins, bei dem in den letzten Jahren seines Lebens die Immunkrankheit AIDS ausbrach, starb am 12. September 1992 an einer Lungenentzündung. Das war 20 Jahre, nachdem ein nach ihm benannter Brunnen in München eröffnet und kurz darauf wieder abgestellt wurde.

„Gegen diese Belästigung haben sich die Anwohner gewehrt und so lange protestiert, bis die Schule dem Brunnen im wahrsten Sinne des Wortes den Hahn zudrehte."

Doch mit diesem Schicksal steht der Anthony-Perkins-Brunnen nicht allein da. Auch heute noch werden in München Brunnen und Fontänen eingestellt, weil sie zu laut plätschern und Anwohner mit ihrem Geräusch belästigen. 14 der 188 städtischen Brunnen schweigen über Nacht, um niemandem zur Last zu fallen. Und es werden immer mehr: Inzwischen darf das Wasser in den Brunnen des Hofgartens nach 20 Uhr nicht mehr sprudeln, weil sich Nachbarn beschwert haben. Wobei ihr Wasserspiel sich mit Sicherheit wesentlich beruhigender anhört als das Geräusch, das vor mehr als 40 Jahren der Wasserstrahl auf den Metallscheiben des Laimer Brunnens erzeugt hat.

Heike Thissen

So geht's zum Anthony-Perkins-Brunnen:

Der Anthony-Perkins-Brunnen steht auf dem Vorhof der Georg-Büchner-Realschule in der Droste-Hülshoff-Straße 5.

99

26

Baumreihen
Wo Soldaten schwimmen lernten

D er Münchner Olympiapark ist auch mehr als 40 Jahre nach seiner Entstehung anlässlich der 20. Olympischen Spiele 1972 bei Münchnern und Gästen sehr beliebt. Die einen besuchen eines der zahlreichen Konzerte internationaler Stars und Veranstaltungen, andere treiben hier Sport oder lassen sich die Sonne ins Gesicht scheinen. Doch vermutlich ist selbst den größten Olympiapark-Fans noch nicht aufgefallen, dass neben dem Olympiasee zwei Baumreihen genau parallel zueinander verlaufen, während alle anderen Bäume kreuz und quer stehen. Das ist kein Zufall, wie Franz Schröther weiß. „Zwischen den beiden Baumreihen befand sich einst das Becken der Militärschwimmschule auf dem Oberwiesenfeld", erklärt der Experte von der Neuhauser Geschichtswerkstatt.

Ein Schwimmbecken mitten auf der Wiese? Das ist heute kaum vorstellbar, denn alle Hinweise darauf sind verschwunden – nur die Bäume nicht, anhand derer sich gut nachvollziehen lässt, welche Ausmaße das Schwimmbecken hatte. Etwa 100 Meter lang, 13 Meter breit und drei Meter tief war das Wasserbassin, das eine Verbreiterung des Nymphenburg-Biedersteiner Kanals darstellte, der noch heute durch das Gelände fließt. „König Ludwig I. hatte bereits als Kronprinz in den Jahren 1823/24 in Würzburg die erste Schwimmschule für sein Infanterie-Regiment erbauen lassen", sagt Schröther. Wenige Jahre zuvor war der Schwimmunterricht per Dienstvorschrift zum militärischen Ausbildungszweig erklärt worden. Zu viele Soldaten waren in den Jahrzehnten und Jahrhunderten davor jämmerlich im Einsatz ertrunken, weil sie nie Schwimmen gelernt hatten. Wenn die Männer schwimmen können, stellt Wasser für sie bei der Truppenbewegung kein Hindernis mehr dar, so der Hintergedanke.

> *„Von 151 Soldaten aus den ersten Kursen konnten am Ende nur 21 schwimmen."*

Franz Schröther hat nicht in der Militärschwimmschule auf dem Oberwiesenfeld schwimmen gelernt. Trotzdem kennt er die Geschichte des Beckens zwischen den Baumreihen sehr gut.

Im Frühling 1827 begannen dann die Arbeiten in München. Ausgeführt wurden sie von Insassen des Strafarbeitshauses. Bereits am 1. Juni desselben Jahres konnte der Schwimmunterricht zwischen dem heutigen Olympiasee und dem Willi-Gebhard-Ufer starten. Vor allem Offiziere und Unteroffiziere versuchten von da an, den Soldaten verschiedener Waffengattungen das Schwimmen beizubringen. „Anscheinend ließ der Erfolg in den ersten Jahren jedoch zu wünschen übrig.

Heute kaum zu glauben: Neben dem Olympiasee gab es einst ein Schwimmbecken.

Von 151 Soldaten aus den ersten Kursen konnten am Ende nur 21 schwimmen", hat Franz Schröther in der Buchführung nachgelesen. „Schwimmen können" bedeutete: Die Männer brauchten keine Schwimmhilfe mehr, konnten tauchen und ins Becken köpfen und sich danach selbstständig wieder ans Ufer retten. Dass das längst nicht allen gelang, geht auch aus den Erinnerungen des späteren Münchner Schriftstellers und Theaterkritikers Hanns von Gumppenberg (1866–1928) hervor, der in den frühen 1880er-Jahren als Kind ebenfalls auf dem Oberwiesenfeld schwimmen gelernt hatte: „Mir war das Schwimmen noch völlig neu, doch machte mir das Erlernen nicht viel Schwierigkeiten, und obschon der Anblick ertrunkener Soldaten, die wir zuweilen vor der Schwimmschule am Ufer liegen sahen, den Wagemut von Anfängern nicht gerade steigern konnte, wurde ich bald ‚frei' gesprochen." Bei den „ertrunkenen" Soldaten dürfte es sich um junge Männer gehandelt haben, die bei ihren Schwimmversuchen ohnmächtig geworden waren. Denn Hinweise darauf, dass in der Militärschwimmschule reihenweise Soldaten ertranken, gibt es nicht. Und wenn sie denn tatsächlich ertrunken wären, hätte man sie vermutlich nicht einfach so am Ufer liegen lassen und den anderen Schülern weiter Unterricht erteilt.

„Von Anfang an galt, dass sich das Schwimmbad selbst tragen muss", erklärt Schröther. Deshalb hätten auch Jungen wie von Gumppenberg dort schwimmen gelernt. Vormittags nutzten die Soldaten das

Becken, nachmittags Privatpersonen. „Das waren natürlich ausschließlich Männer", stellt der geborene Neuhauser fest. Diese Doppelnutzung brachte mitunter auch Schwierigkeiten mit sich – so zum Beispiel im Sommer 1895, als Prinzregent Luitpold von Bayern (1821–1912) spontan erkannte, dass ihm der Sinn nach einem kühlenden Bad stand. Die Militärs mussten schleunigst alle Schwimmer aus dem Wasser und vom Gelände vertreiben, sodass Seine Königliche Hoheit in Ruhe seine Bahnen ziehen konnte. „Luitpold war bis ins hohe Alter sehr fit und achtete auf seine Gesundheit. Das bekamen seine Leibwächter gehörig zu spüren. Die schwammen in der Militärschwimmschule nämlich in vollem Outfit neben ihm her, während ihr Chef bequem im Schwimmanzug seine Runden zog", erzählt Schröther.

Von 1827 an bis 1965 hätten alle deutschen Streitkräfte hier das Schwimmen erlernt und trainiert: die Bayerische Armee, dann die Reichswehr, schließlich die Wehrmacht und zuletzt die Bundeswehr. Heute wären an derselben Stelle lediglich Trockenübungen möglich. Denn zwischen 1968 und 1970 wurde das Schwimmbad zurückgebaut, um das Gelände für die Olympischen Spiele umzugestalten. Der Stadt München ging damit ihr ältestes Freibad verloren und vielen Münchnern der Ort, wo sie ihre ersten Schwimmversuche gemacht hatten – manchmal mehr und manchmal weniger erfolgreich.

Heike Thissen

So geht's zu den Baumreihen:

Das Schwimmbecken mit seinen Anlagen befand sich direkt neben dem heutigen Olympiasee zur Montessori-Schule hin. Die beiden parallel verlaufenden Baumreihen lassen gut erkennen, wo sich der Kanal zum Becken weitete.

Als nach Christi geburtt gehlt man
Vier Zehenhundert Nauntzig Jar,
Hat Hertzog Christoph hochgeboren
Ein Held auß Bairn außerkoren,
Den Stein gehebt von seiner Erdt
Und weit geworffen ohn geferdt,
Wigt dreyhundert Vier vnd sechzig Pfund
Des gibt der Stein vnd schrifft vrkunt.

Dreij Nägel steckhen hie vor Augen
Die mag ain jeder Springer schauen
Der höchste Zwelf schuech von der Erdt
Den Hertzog Christoph Thun werdt,
Mit seinem fueß herab thet schlagen
Kümath lues bitz zum andern Nagel,
Vol von der Erdt Zechethalb schuech
Neunthalben Philip Springer lues,
Zum dritten Nagel an der Wandt
Wer höher springt wirt auch bekandt

27

Drei Nägel

Zwei streitende Brüder und ein geeintes Land

Wenn man sie denn wahrnehmen sollte, die drei Nägel, die im Durchgang zum Brunnenhof an der Wand der Residenz eingeschlagen sind, dann mag man vermuten, dass hier wohl vor langer Zeit – denn die Nägel sind zweifelsohne alt – jemand etwas befestigen wollte. Macht man sich die Mühe, die in Stein gehauene Schrift auf der daneben hängenden Tafel zu entziffern, bekommen die Nägel allerdings einen ganz anderen Sinn. Zuerst ist da von einem Stein die Rede – und wenn man sich umschaut, entdeckt man ihn auch, er liegt, angekettet, im Eck zum Ausgang: *„Als nach Christi Geburt gezählet war / Vierzechenhundert Neunzig Jar, / Hat Herzog Christof hochgeboren / Ein Held auß Bayern außerkoren, / Den Stein gehebt von freyer Erde / Und weit geworffen ohn geferdt, / Wigt dreyhundertsechzig Pfunt, / Des gibt der Stein und Schrift Urkunt.“* So viel also zum Stein. Und die Nägel? Dazu die Inschrift: *„Drei Nägel stecken hie vor Augen / Die mag ain jeder Springer schauen, / Der höchste zwelf Schuech vo der Erdt / Den Herzog Christoph Ehrenwerdt, / Mit seinen Fueß herab thet schlagen.“* Herzog Christoph der Starke von Bayern-München (1449–1493) warf also einen 364 Pfund schweren Stein durch die Gegend und schlug mit seinen Füßen Nägel aus der Wand, die in 3,5 Metern Höhe hingen. Was er sonst noch tat? „Vor allem Ärger machen", sagt Stadtarchivar Dr. Michael Stephan rundheraus. „Er war einer der letzten Ritter Bayerns und ein richtiger Draufgänger."

Die Geschichte um Herzog Christoph, der wegen seines sportlichen Könnens den Beinamen „der Starke" trug, spielt in der Zeit vor der Wiedervereinigung der verschiedenen bayerischen Teilherzogtümer, also vor 1505. „Herzog Albrecht III. hatte zehn Kinder, darunter fünf Söhne, die das regierungsfähige Alter erreichten", erklärt der Stadtarchivar.

„Nach den damaligen Gepflogenheiten hätte das Land, also das Herzogtum Bayern-München, auf fünf aufgeteilt werden müssen."

Drei Nägel in der Wand erinnern an einen streitbaren, aber sportlichen Herzog.

Nach dem Tod des Vaters im Jahre 1460 regierten zunächst die älteren Söhne Herzog Johann IV. (1437–1463) und Herzog Sigmund (1439–1501). Als Johann 1463 starb, kehrte der in Pavia studierende Albrecht IV. (1447–1508) in seine Heimat zurück und übernahm 1467 die alleinige Regierung, nachdem Sigmund abgedankt hatte. „Sigmund hatte andere Interessen, war eher der Kunst und der Kultur zugetan und zog sich auf das spätgotische Schloss Blutenburg in Obermenzing zurück", sagt der Stadtarchivar. „Herzog Albrecht versuchte das Herzogtum Bayern-München, also in etwa das heutige Oberbayern, unter seine Fittiche zu nehmen, aber er hatte noch zwei jüngere Brüder: Herzog Christoph und Herzog Wolfgang. Und die ließen sich nicht so einfach abspeisen", schildert Michael Stephan das Problem des Herzogs. Vor allem Christoph – eben jener, der schwere Steine durch die Gegend schleuderte und Nägel aus der Wand schlug – sei „ein ganz schwieriges Kaliber" gewesen. „Albrecht war sehr diplomatisch und hat versucht Bayern zu einen, aber Christoph hat nur Ärger gemacht." Zwar verzichtete Christoph nach zahlreichen – auch kriegerischen – Auseinandersetzungen für fünf Jahre auf die Mitherrschaft und erhielt dafür Schloss Pähl am Ammersee sowie 8000 Gulden Jahreseinkommen. Sein Bruder traute ihm aber nicht über den Weg. „Als es wieder mal Ärger gab, hat er ihn 1471 gefangen genommen", berichtet Michael Stephan. Das Gefängnis des Starken befand sich in der „Neuen Feste" und die stand etwa dort, wo sich heute der Brunnenhof der Residenz befindet. Die Umrisse sind aufgepflastert. Christoph war 19 Monate inhaftiert, bis er auf Drängen des Kaisers wieder freikam. Allerdings musste er zuvor an Eides statt versichern, keine Rache an seinem Bruder zu üben. 1475 verzichtete er für weitere zehn Jahre auf

So eifrig er es auch versucht: Stadtarchivar Dr. Michael Stephan kann den Stein, den Herzog Christoph durch die Gegend geschleudert haben soll, nicht einmal vom Boden anheben.

eine Mitregierung. „Dafür bekam er Landsberg und Weilheim und eine Geldsumme als Entschädigung", erzählt der Stadtarchivar. „Die Streitigkeiten gingen noch eine ganze Weile hin und her, schließlich verzichtete Christoph aber für immer auf eine Mitregentschaft – gegen die Herausgabe der Städte Schongau und Weilheim, der Schlösser Pähl und Rauhenlechsberg und eine ordentliche Summe Geld." 1493 starb er auf der Rückreise von einer Wallfahrt ins Heilige Land.

Nun regierte Albrecht IV. das Herzogtum alleine und erhielt durch den Landshuter Erbfolgekrieg (1504–1505) noch den niederbayerischen Landesteil dazu. Der Landshuter Erbfolgekrieg brach nach dem Tod Herzog Georgs des Reichen (1455–1503) von Bayern-Landshut aus, der mangels männlicher Nachkommen seine Güter seiner Tochter Elisabeth (1478–1504) vermacht hatte. Das widersprach aber dem Wittelsbacher Hausvertrag, nach dem die Güter, wenn es keinen männlichen Erben gibt, an die jeweils andere Linie gehen – und das wäre die von Albrecht IV. gewesen. Der ließ sich das freilich nicht gefallen: Elisabeths Gatte, Ruprecht von der Pfalz (1481–1504), kämpfte mit Unterstützung des Königs von Böhmen, Albrecht hingegen wurde vom Schwäbischen Bund und von König Maximilian unterstützt. Am Ende des verlustreichen Krieges stand die Wiedervereinigung Ober- und Niederbayerns. „Damit diese Einheit auch blieb", erzählt Michael Stephan, „erließ Albrecht IV. 1506 das Primogeniturgesetz, das heißt, dass nur der männliche Erstgeborene der zukünftige Erbe sein sollte."

Die Zeit der Landesteilungen des Herzogtums Bayern war nun endgültig vorüber. Sicherlich hätte diese Neuregelung seinem Bruder gar nicht gefallen!

Eva-Maria Bast

....

So geht's zu den drei Nägeln:

Die drei Nägel stecken neben einer Gedenktafel im Durchgang zum Brunnenhof in der Residenz. Diese steht in der Residenzstraße 1.

Ein unscheinbares Steinkreuz erinnert in der Au an die Zeiten der Pest.
Margit Riemerschmid kennt die Geschichte dazu.

28
Pestkreuz
Denkmal für die Opfer vom Schwarzen Tod

I n Oberbayern sind Kreuze an allen Ecken und Enden zu finden. Auf weiter Flur und mitten in der Stadt, auf dem Boden stehend oder hoch über den Köpfen angebracht: Das Christentum und vor allem der katholische Glaube sind allgegenwärtig. Deswegen verwundert es zunächst nicht, dass auch im Münchner Stadtteil Au unter anderem an einer ehemaligen Herberge ein kniehohes, unscheinbares Steinkreuz an der Wand befestigt ist. Doch Margit Riemerschmid, Vorsitzende des Vereins „Freunde der Vorstadt Au", weiß, dass es sich dabei nicht um ein Kreuz wie so viele andere handelt. „Das Kreuz an der Franz-Prüller-Straße 12 ist vermutlich ein so genanntes Pestkreuz", erklärt sie. Damit habe man während der Pestepidemien Häuser markiert, in denen alle Einwohner der Seuche zum Opfer gefallen waren. „Als Zeichen dafür wurde die Eingangstür vermauert und das Steinkreuz davorgesetzt, damit alle Bescheid wussten", fährt sie fort. Erst wenn eine bestimmte Zeitspanne verstrichen war und man keine Ansteckung mehr befürchten musste, wurden die Toten – oder das, was von ihnen noch übrig war – herausgeholt und in Massengräbern beerdigt.

Das Kreuz in der Au stammt vermutlich aus der Pest-Epidemie, die von 1517 bis 1519 dauerte. Damals wütete die Seuche auf grausame Weise in der Stadt. Mehrere Tausend Menschen erlagen der Krankheit, die neben dem Tod auch Angst und Schrecken brachte. So sehr die Menschen auch versuchten, sie abzuwenden – sie scheiterten kläglich. Auf der Straße beherrschten die Totengräber das Bild, wenn sie sich denn überhaupt noch die Mühe machten, die Gestorbenen abzutransportieren. In München waren vor allem in späteren Pestjahren nur das Neuhauser Tor und das Isar-Tor offen. Beide wurden penibel bewacht: Wer in die Stadt wollte, musste einen Gesundheitspass vorzeigen. Briefe wurden vor dem Zustellen geräuchert, Geld mit Essig gewaschen und an den Ein- und Ausgängen der Straßen eiserne Ketten

> *„Das Kreuz an der Franz-Prüller-Straße 12 ist vermutlich ein so genanntes Pestkreuz."*

befestigt, die geschlossen wurden, wenn auf einer der beiden Seiten ein Verdacht auf Ansteckung bestand. Wenn sich die Münchner nicht daran hielten, wurden Straßen, in denen sich Pestkranke befanden, mit Brettern verschlossen. Oder eben auch einzelne Häuser, wie im Fall der Herberge in der Au. Genaue Zahlen dazu, wie viele Münchner in den unzähligen Pestepidemien vom Schwarzen Tod dahingerafft wurden, gibt es nicht. Doch allein im Winter 1635 waren es von den 20.000 Einwohnern rund 15.000.

Dass ausgerechnet das Haus mit dem Steinkreuz, das deswegen lange Zeit auch den Namen „Pesthaus" trug, später mit zwei berühmten Personen in Zusammenhang gebracht werden würde, war in den schweren Zeiten der Seuche noch nicht abzusehen. Den Anfang machte die Opernsängerin Clara Metzger-Vespermann (1799–1827), die von den Bewohnern der Au noch heute liebevoll „Metzger Clarl" genannt wird. „Sie hat ihren Eltern von ihren Anfangshonoraren eine Wohnung im ersten Stock des Hauses gekauft", erinnert Margit Riemerschmid an die Großzügigkeit der jungen Frau. Überliefert sind die Worte: „So, Herr Vater, jetzt haben'S a Heimat für immer", die die Sängerin beim Öffnen der Tür gesprochen haben soll. Sie habe die Wohnung mit neuen Goldstücken in bar bezahlt und so dafür gesorgt, dass ihre Eltern – ein fleißiger Maurer und seine nicht minder fleißige Ehefrau – einen ruhigen Lebensabend in der Au verbringen konnten. Während sie als Sängerin internationale Erfolge feierte und unter anderem in der Mailänder Scala auftrat oder in Berlin, Dresden und Leipzig die Opernhäuser füllte, vergaß sie nie ihre Herkunft in der Au. Ab 1819 setzte sie ihre Karriere daher am Königlichen Hof- und Nationaltheater in München fort, wo sie für ihre Interpretation der Agathe in Karl Maria von Webers „Der Freischütz" großes Lob erntete – auch vom Komponisten selbst. Dementsprechend groß war die Trauer in ihrer Heimat, als sie bereits im Alter von 28 Jahren am 6. März 1827 verstarb.

Das Pestkreuz.

Ob diese Geschichte eine Rolle spielte, als der bekannte Regisseur und Kameramann Joseph Vilsmeier 170 Jahre später alle Wohnungen in dem Haus kaufte und sie renovieren ließ? „Warum er sich ausgerechnet dieses Gebäude ausgesucht hat, wissen wir nicht. Aber er hat das Haus vor dem Verfall gerettet und wieder zu dem großen, schönen Gebäude gemacht, das es auch zu Clara Metzger-Vespermanns Zeiten war", erzählt Margit Riemerschmid. Das weiße Steinkreuz aber erinnert noch an die Jahre, als der Schwarze Tod in dem Haus umging.

Heike Thissen

So geht's zum Pestkreuz:

Das Haus mit dem Pestkreuz steht in der Franz-Prüller-Straße 12. Das Kreuz zeigt zur Sammtstraße hin.

Dr. Wolfgang Burgmair weiß, dass durch dieses Tor einst zahlreiche Literaturgrößen schritten.

29

Tor

Der Geschmack der Literatur

Den Namen Paul Heyse (1830–1914) hat wohl jeder Münchner schon einmal gehört. Schließlich ist die große Unterführung am Hauptbahnhof nach ihm benannt. Wer dieser Paul Heyse aber eigentlich war und was ein Torbogen in der Luisenstraße mit ihm zu tun hat – das weiß nach Einschätzung von Dr. Wolfgang Burgmair kaum jemand. Burgmair ist ein großer Kenner und Liebhaber der Literatur und Leiter des Historischen Archivs am Max-Planck-Institut. Er sagt: „Paul Heyse wurde als erster deutscher Autor mit dem Literaturnobelpreis für sein belletristisches Werk ausgezeichnet." In der 1874 eingeweihten repräsentativen Neo-Renaissance-Villa in der Luisenstraße 22 habe er eine regelrechte Literatur-begegnungsstätte betrieben. Das Gebäude wurde im Zweiten Weltkrieg stark beschädigt, das Erdgeschoss ist aber noch das originale. Erhalten geblieben ist auch die den Garten umgebende Mauer mit dem Tor. „Durch dieses Tor gingen bedeutende Literaten, wenn sie Paul Heyse besucht haben", erläutert Burgmair. Doch Paul Heyse geriet in Vergessenheit: „Man liest ihn heute fast nicht mehr", bedauert der Münchner. „Das sollte man aber. Vieles ist für uns heute natürlich etwas überlebt, zu bombastisch vom Stil her, aber an sich ist es eine tolle Sprache."

Paul Heyse, der 1910 von Prinzregent Luitpold in den persönlichen Adelsstand erhoben wird, von dem Titel aber nie Gebrauch macht, sei ein ganz großer Wegbereiter der Literatur des beginnenden 20. Jahrhunderts gewesen, betont Burgmair. Im Mai 1854 folgt er dem Ruf des bayerischen Königs Maximilian II. (1811–1864) und lässt sich in München nieder, wo er eine Professur in romanischer Philologie bekommt. Paul Heyse wird Mitglied im Münchner Dichterkreis „Die Krokodile" und ist auch ansonsten in regem Austausch mit seinen literarisch arbeitenden Kollegen: Im Dezember 1854 beginnt er eine langjährige Brieffreundschaft mit Eduard Mörike, 1857 lernt er Gottfried Keller kennen, und auch mit ihm pflegt er einen regen Gedankenaustausch und eine gute Freundschaft. 1858 macht er dann die Bekanntschaft von Franz Grillparzer und Friedrich Hebbel, und auch mit Theodor Fontane ist er befreundet.

„Durch dieses Tor gingen bedeutende Literaten, wenn sie Paul Heyse besucht haben."

Das Haus in der Luisenstraße kauft Paul Heyse erst zu Beginn der 1870er-Jahre, da ist er schon fast 20 Jahre in München. Von nun an gehen hier zahlreiche Schriftsteller ein und aus. Zu dem Kreis, erzählt Burgmair, gehört die „damals unwahrscheinlich viel gelesene" Marie von Ebner-Eschenbach. „In ihren Romanen versucht sie zum ersten Mal, auch Zeitströmungen und Probleme der Zeit aufzugreifen. Sie versucht, das Elend in ihrem Umfeld literarisch zu verpacken und damit aber auch konsumierbar zu machen", erklärt der Münchner. „Sie will nicht schockieren, aber sie will darauf aufmerksam machen." Einen ähnlichen Weg, allerdings sehr viel elaborierter, gehe Paul Heyse. Auch Ida Fleischl von Marxow gehöre zu diesem Kreis. Einer ihrer Söhne ist Ernst Fleischl von Marxow und der, sagt Burgmair, sei der beste Freund des Tiefenpsychologen Sigmund Freud und einer der bedeutendsten Physiologen Österreichs gewesen. Ida Fleischl von Marxow stamme aus der einflussreichen Münchner jüdischen Familie Marx. „Und was ist deutsche Literatur ohne den jüdischen Anteil?", kommentiert Burgmair.

Doch kaum einer der Menschen, die hier tagtäglich vorübergehen, wisse um die Bedeutung dieses Orts für die Literatur. „Eigentlich müsste man davorstehen und den Leuten sagen: ‚Freunde, da haben wir einen ganz originalen Ort, wo deutsche Literatur produziert wurde'", betont Burgmair. Und noch in einer weiteren Hinsicht sei das Haus sehr interessant: „Das ist eines von zwei noch erhaltenen, ganz typischen Objekten für diese Gegend, wie sie im 19. Jahrhundert aussah", erklärt der Münchner. Außer der Heyse-Villa und dem schräg gegenüberliegenden Lenbach-Haus sei davon nichts mehr zu sehen. „An dieser Straße waren lauter Grundstücke mit viel Garten ums Haus herum." Das sei im 19. Jahrhundert etwas ganz Neues gewesen. „Die Leute wollten raus aus den ummauerten Städten mit ihren feuchten Wänden, in denen Krankheiten sich breit machten. Wer es sich leisten konnte, hat hier, vor der Stadt, in dem neu parzellierten Areal gebaut."

Das geheimnisvolle Tor in der Luisenstraße.

Das war der Traum von Haus und Garten in Stadtnähe, den immer noch viele träumen. Wolfgang Burgmair sagt: „Heute würde man diesen Ort authentisch nennen. Man kann wirklich sagen, da haben wir die Atmosphäre von den Leuten, die die Literatur bestimmt haben."

Eva-Maria Bast

So geht's zum Tor:

Das Tor befindet sich in der Mauer des Hauses Luisenstraße 22 in der Maxvorstadt.

Das Grab der Familie Pschorr auf dem Alten Südfriedhof ist nicht zu übersehen.

30
Grab von Josef Pschorr
Ein Brauer mit Hang zu Experimenten

I n den Ohren der Münchner Bierkenner ist er Musik: der Name Hacker-Pschorr. Zusammen mit Augustiner, Hofbräu, Löwenbräu, Paulaner und Spaten gehört die Brauerei zu den sechs wichtigsten der Weltstadt des Bieres. Heute sind sie alle gleichermaßen beliebt. Doch vor 200 Jahren hatte der Gründungsvater von Hacker-Pschorr, Josef Pschorr (1770–1841), die Nase vorn: Er hatte nicht nur das beliebte Münchner Hell erfunden, sondern er verfügte auch über einen Keller, der den Gerstensaft im Hochsommer kühl und süffig hielt. Da verwundert es nicht, dass seine Brauerei Anfang des 19. Jahrhunderts in der Beliebtheitsskala der Biertrinker ganz oben stand.

Doch davon ist auf seinem monumentalen Grabstein auf dem Alten Südfriedhof nichts zu lesen. Dort steht über ihn lediglich: *Josef Pschorr. Privatier u. vormaliger Besitzer der Brauereien zum Hacker u. Pschorr. Geboren den 2. Juni 1770, gestorben den 3. Juni 1841.*

Florian Scheungraber, Mitarbeiter der Städtischen Friedhöfe München, kennt sich gut aus mit der Geschichte der Familie im Allgemeinen und mit der von Josef Pschorr im Besonderen. „Anfang des 19. Jahrhunderts hat in München fast jeder als Hobbybrauer sein eigenes Bier gebraut. Aber Josef Pschorr wollte schon als Kind unbedingt ein richtiger Brauer werden wie sein Großvater, den er sehr bewunderte. Also erlernte er das Brauereihandwerk, heiratete 1793 die Tochter seines Lehrherrn Simon Hacker und kaufte seinem Schwiegervater dessen Brauerei ab." Der Grundstein für die Braudynastie Hacker-Pschorr war gelegt.

„Josef Pschorr wollte Holz sparen und ließ seine Mitarbeiter das Grünmalz lediglich anrösten."

Zunächst produzierte Josef Pschorr in seiner Brauerei, die den Namen Hacker beibehielt, Bier wie alle anderen auch. Selbstverständlich wandte er dabei das bayerische Reinheitsgebot an, das Herzog Wilhelm IV. (1493–1550) am 23. April 1516 erlassen hatte und dessen wichtigster Satz – ins Hochdeutsche übersetzt – so lautet: „Ganz besonders wollen wir, dass forthin allenthalben in unseren Städten, Märkten und auf dem Lande zu keinem Bier mehr Stücke als allein Gerste, Hopfen und Wasser verwendet und gebraucht werden sollen." Damit war festgelegt, was das bayerische Grundnahrungsmittel enthalten durfte und was nicht.

Weil Pschorr experimentierfreudig und geizig zugleich war, schlug er – im Rahmen der Möglichkeiten – schon bald neue Wege ein. „Eigentlich war es üblich, das Malz für die Produktion von Bier ganz durchzurösten. Dadurch bekam das Getränk seine dunkle Farbe und seinen malzig-rauchigen Geschmack. Doch Josef Pschorr wollte Holz sparen und ließ seine Mitarbeiter das Grünmalz lediglich anrösten", erklärt Scheungraber die Idee des Brauers. Das Bier, das daraus entstand, war wesentlich heller als das herkömmliche. Also taufte Pschorr es auf den Namen „Münchner Hell" und traf anscheinend den Nerv der Zeit: Das Gebräu verkaufte sich hervorragend. Damit seine Erzeugnisse in den Sommermonaten nicht so schnell schlecht wurden wie die der Konkurrenz, ließ Pschorr am Isarhochufer einen gewaltigen Lagerkeller bauen, in dem sich der Gerstensaft lange hielt. Zehn Jahre dauerte es, bis die „Bierfestung" fertig gebaut war. Doch ab 1823 konnte Pschorr auf einer Grundfläche von 4000 Quadratmetern zwölf Meter unter der Erdoberfläche mehr als 35.000 Hektoliter Bier lagern. In Kammern über den Bierfässern wurde im Winter geschlagenes Natureis gelagert und stellte eine gleichbleibende Bierqualität sicher.

Seine Innovationen führten dazu, dass sein Unternehmen schon bald die Beliebtheitsskala der Münchner Brauereien anführte, nach dem Jahr 1820 gefolgt von einer Brauerei namens Pschorr. „Er hatte Häuser in der Neuhauserstraße erworben und dort die Brauerei zum Pschorr gegründet. Von da an führte er zwei erfolgreiche Brauereien gleichzeitig", zollt Scheungraber dem Brauer noch heute großen Respekt.

Doch bis seine Brauereien dauerhaft unter dem Namen Hacker-Pschorr zusammenkamen, sollten noch viele Jahrzehnte vergehen. Weil Pschorr vier Mal verheiratet gewesen war und 20 Kinder gezeugt hatte, ließ er der Einfachheit halber unter seinen beiden Söhnen aus erster Ehe mit Therese Hacker auswürfeln, wer welche Brauerei bekommen sollte. Georg erbte die Brauerei zum Pschorr, Matthias die Hacker-Brauerei. Den Lagerkeller teilten sich die Söhne. Und auch während der Weltkriege rückten die Brauereien enger zusammen, weil beide Unternehmen wegen diverser Schicksalsschläge und Bombenschäden ums Überleben kämpfen mussten. Aber erst seit 1972 sind sie unter dem Namen Hacker-Pschorr Bräu AG wieder vereint. Wenn Josef Pschorr also irgendwo im weiß-blauen Himmel der Bayern sitzen sollte, mit einem Münchner Hell in der einen und einer Brezn in der anderen Hand, so dürfte er ziemlich zufrieden auf das Unternehmen und seine Geschichte hinabblicken.

Heike Thissen

So geht's zum Grab von Josef Pschorr:

Das Grab von Josef Pschorr und seiner Familie steht auf dem Alten Münchner Südfriedhof an der Thalkirchner Straße. In der Sektion 9 ist es das vierte Grab auf der rechten Seite.

Im Deckenfresko der Heilig-Geist-Kirche ist eine Brezn zu sehen.
Sie befindet sich im unteren Drittel des Bildes etwas rechts der Mitte.

Brezn

Für eine gute Tat Prügel bezogen

Am besten machen Sie es sich bequem, denn es gibt viel zu sehen, und das, was wir suchen, ist auch gar nicht so leicht zu entdecken. Vielleicht nehmen Sie in der Mitte der Heilig-Geist-Kirche Platz – und dann legen Sie den Kopf weit in den Nacken. Sie sehen das wunderbare Deckenfresko, das die Brüder Cosmas Damian Asam (1686–1739) und Egid Quirin Asam (1692–1750) geschaffen haben und auf dem die Gründung des Heilig-Geist-Spitals dargestellt ist. Am linken Rand sehen Sie einen bärtigen Mann in braunem Gewand, der einen Korb trägt. Dazu einen Schimmel und einen weiteren Mann, der eine Brezn in der Hand hält. Eine Brezn?

117

Das ist ja nun wahrlich keine typische Darstellung in der sakralen Kunst! Mit dieser Brezn hat es aber, man mag es sich schon denken, eine ganz besondere Bewandtnis: „An ihr lässt sich die Geschichte des Breznreiters erzählen", sagt Claudia Raith, die an der Universität München Neuere deutsche Literatur, Mediävistik und Kunstgeschichte studiert hat. Der Breznreiter verteilte seit 1318 ein Mal im Jahr im Auftrag des wohlhabenden Bürger-Ehepaars Burkhard und Heilwig Wadler Brezn an arme Münchner. „Bei den Wadlers handelte es sich um Kaufleute, die durch den Salzhandel reich geworden waren", erzählt die gebürtige Münchnerin. Die Brezn-Spende war Teil einer noch viel größeren Stiftung, einer der ersten weltlichen der Stadt übrigens: „63.000 Pfennige haben die Wadlers an das Heilig-Geist-Spital gespendet", sagt Claudia Raith. Pfennige hatten damals freilich noch einen viel höheren Wert als heute. „Das war sehr viel Geld", macht die Stadtführerin deutlich.

Das Deckenfresko mit der Brezn.

Das Spital hatte der Wittelsbacher Ludwig der Kelheimer (1173–1231), Herzog von Bayern, im Jahre 1208 gegründet. „Es war sozusagen die erste soziale Einrichtung im Mittelalter für die Armen, für die Kranken, aber auch einfach für Leute, die sich im Alter versorgt wissen wollten", erklärt die Kunsthistorikerin. „Sie haben sich dann hier eingekauft, das war ein sogenanntes Pfrundwesen." Je nachdem, wie viel man zahlte, wurde man besser oder schlechter versorgt. „Mit dem Geld, das im Spital blieb, wenn ein Pfründner verstarb, konnte man die Armen versorgen." Zum Spital gehörten auch diverse Handwerksbetriebe, Wälder und Landstücke – und die Heilig-Geist-Kirche mit dem Deckenfresko, auf dem die Brezn abgebildet ist.

Die Familie Wadler also unterstützte das Spital mit einer großzügigen Summe. „Und jedes Jahr sollten für 3000 Pfennige Brezn gekauft und verteilt werden", erzählt Claudia Raith. Diese Aufgabe kam jeweils einem Knecht zu, der, immer auf einem weißen Pferd, mit den Brezn durch die Straßen ritt. Und zwar nachts. „Damit man ihn besser sehen konnte, musste es ein Schimmel sein, und man hat ihm zusätzlich noch die Hufeisen gelockert, damit es recht klappert", berichtet die Stadtführerin. Verteilt wurden die Brezn – etwa 3000 pro Jahr – in der Heilig-Geist-Kirche. „Aber den Leuten, die am Wegesrand standen, hat er auch schon unterwegs welche gegeben." Der ärmere Teil der Münchner Bevölkerung habe den Breznreiter jedes Mal sehnsüchtig erwartet und ihm die Brezn mehr oder weniger aus den Händen gerissen, erzählt Claudia Raith.

Rund 500 Jahre lang hat die Familie Wadler die Breznspende aufrecht erhalten, dann, es war 1801, ritt der Glücksreiter mit seinen Gebäckstücken in sein Unglück: „Er hatte nicht genug Brezn dabei, sie sind ihm einfach ausgegangen", schildert Claudia Raith. „Und die Leute waren so erbost und erzürnt darüber, dass sie keine Brezn mehr abbekommen haben, dass sie den armen Breznreiter, der ja gar nichts dafür konnte, vom Pferd rissen und verprügelten." Das habe der Stadtrat zum Anlass genommen, die alljährliche Breznspende in dieser Form einzustellen. Doch

„Mit dem Geld, das im Spital blieb, wenn ein Pfründner verstarb, konnte man die Armen versorgen."

Dank der Brüder Asam ist die Wohltat im Deckenfresko der Heilig-Geist-Kirche verewigt. Dass der Breznreiter einmal von den hungrigen Münchnern verprügelt wurde, ist dort allerdings nicht zu sehen, denn das haben die Asam-Brüder, die beide bereits im 18. Jahrhundert starben, nicht mehr erlebt. Wenn sie es aber mitbekommen hätten – wer weiß, ob sie nicht auch die unschöne Szene dargestellt hätten. „Zuzutrauen wäre es ihnen", schmunzelt Raith. „Das waren schon sehr ungewöhnliche Künstler, die sich ja auch mit dem Bau der Asamkirche ein Denkmal gesetzt haben."

Das also ist die Geschichte vom Breznreiter. Haben Sie das Bildnis in Ruhe betrachtet? Und vielleicht sogar Appetit auf solch ein leckeres Gebäckstück bekommen? Dann besorgen Sie sich doch gleich eine echte bayerische Brezn und machen Sie sich, so gestärkt, auf zum nächsten Münchner Geheimnis!

Eva-Maria Bast

So geht's zur Brezn:

Die Brezn befindet sich im mittleren Deckenfresko des Hauptschiffs der Heilig-Geist-Kirche am Viktualienmarkt.

32

Torpfosten
Was vom jüdischen Waisenhaus blieb

E s war ein altes Foto, das die Gewissheit brachte: Vom jüdischen Waisenhaus in der Schwabinger Antonienstraße war doch noch etwas geblieben. Zwar waren so gut wie alle Kinder und Erzieherinnen 1941 und 1942 von den Nationalsozialisten verschleppt und ermordet worden und das Gebäude wurde bei einem der Luftangriffe 1944 völlig zerstört. Aber trotzdem hatte ein Relikt aus jener Zeit den Zweiten Weltkrieg und die Jahrzehnte danach unbeschadet überstanden. „Als ich mir Fotos von damals angesehen habe, ist mir aufgefallen, dass einer der Torpfosten, die das Gartentor des Waisenhauses hielten, heute noch immer an Ort und Stelle steht", erinnert sich die Schwabingerin Janne Weinzierl. So gibt es also doch noch einen Zeitzeugen – wenn auch aus Stein – anhand dessen sich die Geschichte des Antonienheims erzählen lässt.

„Das Haus war zunächst als Bürogebäude gebaut worden, bevor es der Trägerverein der Israelitischen Jugendhilfe 1925 kaufte und dort ein Waisenhaus einrichtete", sagt Janne Weinzierl vom Bezirksausschuss 12. Die ersten Kinder zogen am 29. März 1926 in dem Haus mit 20 Räumen und einem großen Garten ein. Zunächst waren es elternlose und uneheliche Kinder oder Mädchen und Jungen aus sozial schwachen Familien, die hier lebten. Es gab aber auch ältere Mädchen, die hier lernten einen Haushalt zu führen oder Kinder zu pflegen. Auch für Säuglinge, Kleinkinder und Schulkinder wurde in dem Gebäude gesorgt. „Hinzu kamen ab 1933 immer mehr, deren Eltern bereits ausgewandert waren und dann versuchten, ihre Familien nachzuholen." Auch wollten einige ihrem Nachwuchs nicht länger die Diskriminierung auf dem Land zumuten und dachten, sie seien in der Stadt besser aufgehoben. Nach der Reichspogromnacht 1938 hatten außerdem so viele jüdische Familien ihre Existenz verloren, dass etliche von ihnen gezwungen waren, ihre Kinder ins Heim zu schicken. Für viele war das die Rettung. Denn nach Kriegsausbruch gelang es den Heimleiterinnen,

Janne Weinzierl hat die Geschichte des Antonienheims recherchiert und mit Hilfe von alten Fotos festgestellt, dass das einzige, was man vom jüdischen Waisenhaus noch sehen kann, dieser Torpfosten ist.

einen Teil ihrer Schützlinge mit Kindertransporten nach England in Sicherheit zu bringen.

Besonders berührt ist Janne Weinzierl noch heute vom Schicksal des Mädchens Esther Cohn aus Offenburg (1926–1944). Esther litt im Alter von fünf Jahren an Kinderlähmung und trug körperliche Behinderungen davon. Als das Mädchen zwölf Jahre alt war und es jüdischen Kindern ab dem 15. November 1938 verboten wurde, öffentliche Schulen zu besuchen, schickte die Mutter ihre Älteste schweren Herzens nach München ins Antonienheim. „Esther hat ein Tagebuch geführt, in dem man nachlesen kann, dass es ihr hier in der Antonienstraße 7 trotz aller Umstände ganz gut gefallen hat", sagt Janne Weinzierl. „Sie litt sehr unter der Trennung von ihrer Familie und der ständigen Ungewissheit, was mit ihren Eltern und Geschwistern passiert." Im Mai 1939 emigrierte der Vater nach England und wollte seine Familie nachholen. Doch dann kam der Überfall der Deutschen auf Polen, der Zweite Weltkrieg brach aus und die Familie Cohn blieb getrennt – für immer. Janne Weinzierl schildert das Schicksal der Familie weiter: „Die Mutter und die Geschwister wurden schon 1940 aus Offenburg ins französische Gurs deportiert. Esther kam 1942 mit den anderen Heimkindern nach Theresienstadt und von dort am 16. Oktober 1944 nach Auschwitz. Sie hat nicht überlebt."

Bereits 1941 deportierten die Nationalsozialisten die ersten Betreuerinnen und 20 Kinder aus dem Waisenhaus in der Antonienstraße. Am 20. November 1941 kamen sie auf einen Zug nach Kanaus in Litauen und wurden dort fünf Tage später erschossen. Wenige Monate danach traf es auch die, die im Heim geblieben waren. Obwohl das Stadtjugendamt bereits 1938 dessen Auflösung verlangt hatte, konnten die Leiterinnen immer wieder einen Aufschub erreichen. Doch im Frühjahr 1942 war Schluss: Die Betreuerinnen Alice Bendix und Hedwig Jakobi siedelten am 15. April 1942 mit 13 verbliebenen Kindern in das Barackenlager Milbertshofen um. „Alice Bendix ist bei ihren Schützlingen geblieben, anstatt sich selbst in Sicherheit zu bringen. Die ist nicht von ihrer Seite gewichen, auch nicht, als sie am 13. März 1943 nach Auschwitz transportiert und dort am 16. und 17. März in den Gaskammern ermordet wurden", beschreibt Janne Weinzierl die Treue der Sozialfürsorgerin. Um auch in Zukunft an diese Frau zu erinnern, hat sich die Schwabingerin dafür stark gemacht, dass die Berufsoberschule für Sozialwesen auf der anderen Straßenseite heute nach Alice Bendix heißt. Außerdem steht – unter anderem dank ihr – inzwischen eine Stele vor der Antonienstraße 7 mit der Inschrift: *Zur Erinnerung an das jüdische Kinderheim Antonienstraße 7 (1926–1942). In den Jahren 1941 und 1942 wurden Kinder und Jugendliche sowie deren Betreuerinnen deportiert und ermordet.* „Das war uns sehr wichtig und auch den Menschen, die damals als Kinder dort gelebt hatten, deportiert wurden und wieder zurückkamen", sagt Janne Weinzierl über die Zusammenarbeit mit denen, die das Grauen am eigenen Leib erfahren hatten.

Als das jüdische Waisenhaus aufgelöst war, musste sein Trägerverein auf Geheiß des Reichssicherheitshauptamts in Berlin das Gebäude dem Lebensborn e.V. verkaufen. Der Kaufpreis wurde nie bezahlt. Der SS-Verein richtete hier eine seiner Mutterwohnstätten ein. „Das muss man sich mal vorstellen", schüttelt Janne Weinzierl mehr als 70 Jahre später den Kopf. „Wie perfide!" Die Nationalsozialisten enteigneten Juden, um in deren Häusern den Fortbestand der arischen Rasse zu sichern. Denn der nationalsozialistische Verein hatte unter anderem zum Ziel, die hohen Abtreibungsraten im Land zu senken – um „dem Führer" genug „rassisch wertvollen" Nachwuchs für die Armeen der Zukunft bereitzustellen. In den Mutterwohnstätten lebten ledige Mütter, die hier anonym ihr Kind auf die Welt bringen und es anschließend dem Lebensborn überlassen konnten. Bei einem der Luftangriffe im Jahr 1944 wurde das Gebäude zerbombt. Das Haus, das heute in der Antonienstraße 7 steht, ist nicht mehr das, in dem Esther Cohn, Alice Bendix und all die anderen ein- und ausgingen. Aber der Torpfosten auf der linken Seite ist noch derselbe, der einst das Gartentor hielt, hinter dem sie die ein oder andere sorgenfreie Stunde inmitten einer sorgen- und leidvollen Zeit erlebten.

Heike Thissen

....

So geht's zum Torpfosten:

Das ehemalige jüdische Waisenhaus stand in der Antonienstraße 7. Einer der beiden Torpfosten, die damals das Gartentor hielten, ist links neben dem Grundstück zu sehen.

33

Kanonenkugel

Feuernde Österreicher – gelassener Pfarrer

„Da oben ist sie. Können Sie sie sehen?" Stadtführerin Claudia Raith steht neben dem Alten Peter und zeigt zum Fenster hinauf. Tatsächlich: Hier steckt, deutlich sichtbar, eine Kanonenkugel im Gemäuer. Wie kommt sie dort hin? „Dafür", schmunzelt Claudia Raith, „hat ein Pfarrer gesorgt." Weshalb aber sollte ein Pfarrer eine Kanonenkugel auf eine Kirche feuern? „Er hat natürlich nicht auf die Kirche geschossen, er hat sie nur eingemauert", stellt Claudia Raith richtig. Doch auch das bedarf einer Erklärung.

„Im Laufe der Jahrhunderte war München immer wieder in Kriege verwickelt oder ist einfach nur zwischen die Fronten geraten", erzählt die Kunsthistorikerin und Literaturwissenschaftlerin, die in München geboren und aufgewachsen ist und sich selbst als „echtes Münchner Kindl" bezeichnet. Auch beim Ersten Koalitionskrieg sei die Stadt Kriegsschauplatz gewesen. Die Kriege begannen 1792: Österreich, Preußen und mehrere kleine deutsche Staaten kämpften gegen das revolutionäre Frankreich, dessen König Ludwig XVI. Österreich im April den Krieg erklärt hatte. Als die Anhänger der Revolution den wenig später abgesetzten und vom neu gewählten Nationalkonvent zum Tode verurteilten König Ludwig XVI. im Januar 1793 hinrichteten, erweiterte sich das Bündnis

> *„Im Laufe der Jahrhunderte war München immer wieder in Kriege verwickelt oder ist einfach nur zwischen die Fronten geraten."*

gegen die revolutionäre französische Republik um Spanien, die Niederlande und Großbritannien. Im März vergrößerte sich die Koalition um weitere Reichsstände des Heiligen Römischen Reichs. Ab 1795 verließen mehrere Staaten das Bündnis wieder, doch Österreich und Großbritannien kämpften weiterhin gegen Frankreich – bis zum Frieden von Campo Formio am 17. Oktober 1797, der Napoleons erfolgreichem Italienfeldzug folgte.

....

Claudia Raith blickt zur Kanonenkugel hinauf.

Kurz zuvor war es den französischen Truppen gelungen, die Österreicher zu schlagen. „Sie haben sie ganz weit bis nach Bayern hinein verfolgt, und München kam direkt zwischen die Fronten", erzählt Claudia Raith. Auf dem Gasteig hätten die Kämpfe stattgefunden, „und da hat sich auch eine österreichische Kanonenkugel in die Stadt hinein verirrt und ist hier am Alten Peter eingeschlagen." Sie sei

aber, berichtet die Münchnerin, nicht dort steckengeblieben, wo sie heute steckt. „Sie schlug durch das Fenster durch und blieb auf dem Boden im Altarraum liegen." In panischem Schrecken seien die Menschen aus der Kirche geflohen. „Doch der Pfarrer und seine Ministranten haben kühle Köpfe bewahrt und die Messe weiter zelebriert, als sei nichts geschehen und als wäre die Gemeinde noch da." Anschließend, erzählt die Stadtführerin, habe der

Erinnert an unruhige Zeiten: die Kanonenkugel im Alten Peter.

Pfarrer die Kanonenkugel aufgehoben und verwahrt, um sie später mithilfe einer Leiter oder eines Gerüstes an der Außenmauer anzubringen.

Das ist der Grund, warum in München ein Pfarrer dafür verantwortlich ist, dass eine Kanonenkugel im Gemäuer steckt. Er hat aus dem Überbleibsel eines Angriffs kurzerhand ein kleines Mahnmal gemacht.

Eva-Maria Bast

So geht's zur Kanonenkugel:

Die Kanonenkugel steckt auf der Seite der Kirche, die dem Marienplatz und dem Alten Rathaus zugewandt ist. Am besten kann man sie sehen, wenn man vom Viktualienmarkt auf das Petersbergl geht und den Sakralbau dann rechter Hand umrundet. Die Kugel steckt auf der rechten Seite neben dem Rundbogenfenster. Dieses sitzt links neben dem Turm.

Das Relief ist weithin sichtbar. Was es bedeutet, erschließt sich den allerwenigsten.

Relief
Geschichtsträchtiger Ort hinter Mauern

E s klingt ja schon vielversprechend, was auf dem großen Relief an der Mauer Ecke Törringstraße/Montgelasstraße zu lesen ist: *Den Gestaltern des ‚neuen Bayern' und der Stadt München zum Gedenken. Hier am Edelsitz Stepperg zu Bogenhausen haben sie Staatskunst und Gartenkunst glücklich verbunden.* Die Herren, um die es geht, waren Friedrich Ludwig von Sckell (1750–1823) und Maximilian Graf von Montgelas (1759–1838). Auch das ist dort verewigt. Doch das Kunstwerk, von dem auf dem Relief die Rede ist, ist den Münchnern seit jeher verborgen geblieben. „Die wenigsten wissen, dass es sich unmittelbar hinter der Mauer befand, an der die Plakette angebracht ist", sagt Josef Krause, der sich im Münchner Stadtteil Bogenhausen hervorragend auskennt. Und noch weniger Menschen wissen, welche richtungsweisenden Entscheidungen dort einst getroffen wurden.

„Dieser Park müsste eigentlich in einem Atemzug mit dem Nymphenburger Park, dem Alten Botanischen Garten und dem Englischen Garten genannt werden, weil sie alle vom selben Landschaftsarchitekten stammen", erklärt Krause. Friedrich Ludwig von Sckell kam 1789 nach München, um den Englischen Garten zu entwerfen. Ab 1804 übernahm er das Amt des Hofgarten-Intendanten und kümmerte sich fortan um sämtliche Gärten des damaligen Kurfürsten Max IV. Joseph (1756–1825). Das hielt ihn allerdings nicht davon ab, auch für private Auftraggeber tätig zu werden.

Zu ihnen gehörte Maximilian Joseph Graf von Montgelas, einer der bedeutendsten bayerischen Staatsmänner. Der moderne bayerische Staat, wie wir ihn heute kennen, geht in großen Teilen auf ihn zurück. Unter dem Kurfürsten und späteren König Max Joseph war er unter anderem Minister für auswärtige Geschäfte, Finanzminister und Innenminister – teilweise in Personalunion. „Man kann behaupten, dass unter Montgelas Bayern zur fortschrittlichsten politischen Einheit Europas wurde", fasst Krause zusammen. Der Graf stellte den Staat in den Mittelpunkt und beschnitt hierfür bestimmte Rechte des Adels, der Geistlichkeit, der Städte und der Gemeinden. Durch seinen Einfluss wurden unter anderem die katholische und die evangelische Konfession gleichgestellt und die Stellung der Juden verbessert. Er legte den Grundstein für die Gleichstellung der Bayern vor dem Gesetz, in der Besteuerung und im Militärdienst und veranlasste die Säkularisation der Kirchengüter, was ihm bis heute Kritik einbringt.

Doch neben all den Staatsangelegenheiten, um die er sich kümmerte, vergaß der engagierte Politiker das Private nicht. So beauftragte er 1805 Sckell damit, den Sommersitz „Stepperg", den er 1803 erworben hatte, zu einem Landsitz mit großem Parkgelände auszubauen. Das war die „Gartenkunst", auf die das Relief verweist. Wo inzwischen der Bundesfinanzhof steht, genoss der Graf mit seiner Familie einst die Idylle, die damals noch in Bogenhausen herrschte. Er muss es dort auf seinem riesigen Gelände sehr schön gehabt haben, hält doch Carl August Lebschée in seiner „Malerische(n) Topographie des Königreichs Bayern" fest: „Etwas besitzt Bogenhausen, das noch unseren spätesten Enkeln verehrungswürdig bleiben wird, das höchst einfache Landhaus des großen Staatsmannes Grafen von Montgelas." Auch wenn Lebschée falscher nicht hätte liegen können – die Anlage ist weniger als 200 Jahre später weitgehend von der Bildfläche und aus dem Bewusstsein der Münchner verschwunden – so spielte sich dort nicht nur trautes Familienleben ab.

Denn hier fand am 25. August 1805 mitten in den Napoleonischen Kriegen (1800–1814) die Konferenz statt, auf der Bayern mit Frankreich den geheimen „Bogenhausener Vertrag" schloss. Das Papier, das von Montgelas, Napoleon und dem Kurfürsten unterschrieben wurde, besagte, dass Bayern sich von seinen bisherigen Verbündeten Österreich und Russland lossagt und Napoleon den Einmarsch französischer Truppen erlaubt, ihm Soldaten stellt und an seiner Seite gegen Österreich und Preußen kämpft. Das war die „Staatskunst", von der auf dem Relief an der Mauer die Rede ist. Dass Bayern zum Königreich wurde, ist eine Folge dieses Vertrags: Im Frieden von Pressburg im Dezember 1805 bekam Bayern das Recht zuerkannt, eine Monarchie einzurichten, was Max IV. Joseph – nun König Maximilian I. Joseph – am 1. Januar 1806 stolz seinem Volk verkündete.

Und noch ein Geheimnis gibt es, das mit dem Montgelas-Park zusammenhängt: König Maximilians Nachfolger, König Ludwig I. (1786–1868), und sein Architekt Leo von Klenze (1784–1864) dachten darüber nach, in unmittelbarer Nähe des Montgelas-Geländes die Walhalla zu errichten! Die Gedenkstätte für bedeutende Persönlichkeiten deutscher Sprache, die seit 1842 in Regenstauf hoch über der Donau aufragt, wäre beinahe an der Isar erbaut worden. Dazu kam es jedoch nicht. Architekt Leo von Klenze schlug dort zwar ein Grundstück als Standort vor, aber Ludwig, damals noch Kronprinz, entschied sich dagegen. Gut möglich, dass auch Montgelas dabei eine Rolle spielte, mit dem er nicht sonderlich gut konnte. Nicht auszudenken, was heute in Bogenhausen los wäre, wenn die Walhalla dort stünde! Dann würde vielleicht auch das Relief, das an Montgelas und Sckell erinnert, mehr Beachtung finden.

Heike Thissen

....

So geht's zum Relief:

*Das Relief befindet sich an einer Mauer an der Ecke Törringstraße/
Montgelasstraße. Dahinter liegen die Reste des Parks, den
Graf Montgelas von Friedrich Ludwig von Sckell hat anlegen lassen.*

Treppenturm
Französisches Flair mitten in München

Der Historiker Dr. Reinhard Bauer hält die „Treppe der Lebensalter" im Prunkhof des Neuen Rathauses für ein echtes Münchner Geheimnis, denn „obwohl natürlich die Münchner das Rathaus kennen und hier im Innenhof bewirtet wird, beachtet sie kaum jemand", sagt er.

Doch widmen wir uns zunächst der Geschichte des Münchner Rathauses. Oder besser, der Münchner Rathäuser. Um 1310 wird erstmals „der Stadt Haus" als Sitz der bürgerlichen Selbstverwaltung erwähnt. Das mittelalterliche „Alte Rathaus" wurde dann um 1395 an der heutigen Stelle mit einem großen Saal erbaut. Im Jahr 1460 schlug der Blitz ein und es brannte ab, nun wurde Jörg von Halspach, der auch die gotische Frauenkirche schuf, beauftragt, das Rathaus im Stil der Zeit wiederaufzubauen.

In den folgenden Jahrhunderten wurde München immer größer. „Im 19. Jahrhundert brauchte die Stadtverwaltung wegen der ständig steigenden Zahl von Bevölkerung, Aufgaben und Mitarbeitern dringend mehr Platz", erzählt Reinhard Bauer. 1860 wurde daher die Errichtung eines Neuen Rathauses schräg gegenüber auf dem Marienplatz beschlossen.

Am 1. Juni 1867 begann man unter der Federführung von Georg Hauberrisser (1841–1922) mit dem Bau. Damals wurde der neugotische Stil modern, in dem auch Schloss Neuschwanstein errichtet wurde. Der Architekt habe an die Blütezeit Münchens am Ende des 15. Jahrhunderts anknüpfen und sich von den Bauten der Wittelsbacher Könige absetzen wollen, erläutert Bauer. „Als Vorbild diente das Rathaus in Brüssel." Hauberrisser habe sich intensiv mit der Gotik auseinandergesetzt und Frankreich und andere Hochburgen der Gotik bereist, um sich inspirieren zu lassen und die Formensprache des Mittelalters zu verstehen.

Auch zum Prunkhof des Rathauses, in dem der Turm steht, sei er durch spätmittelalterliche Schlösser, wie zum Beispiel an der Loire,

Treppenturm im Neuen Rathaus.

inspiriert worden. „Und die Pflasterung des Hofes in Labyrinthform ist der Kathedrale in Chartres nachempfunden." Hier lasse sich wunderbar nachvollziehen, wie stark das Rathaus von französischen Bauten beeinflusst wurde. „Die Treppe erinnert an die weltbekannte monumentale Renaissance-Wendeltreppe im Schloss Blois an der Loire, die sich der französische König Franz I. errichten ließ."

Und am Treppenturm gibt es besonders viel zu sehen. „Nicht umsonst heißt sie ‚Treppe der Lebensalter'", sagt Reinhard Bauer. „Hier sind die verschiedenen Lebensphasen, vom Kind bis zum Greis, dargestellt." Die vier großen Skulpturen stellten die Kindheit in Gestalt von Knaben und Mutter, die Jugend anhand eines Jünglings und dann den erwachsenen Mann und den Greis dar. In den Konsolen der Figuren befinden sich die gleichen Lebenphasen – nun für das weibliche Geschlecht. Besonders schön für Tierliebhaber: Ganz oben sind die Dekaden des Menschenlebens eingemeißelt:

„Mit 10 Jahren ein Kind: Kalb und Hühnchen. Mit 20 Jahren ein Jüngling/eine Jungfrau: Bock und Taube. Mit 30 Jahren ein Mann/eine Frau: Stier und Elster. Mit 40 Jahren ‚wohlgetan': Löwe und Pfau. Mit 50 Jahren ‚stillestahn': Fuchs und alte Henne. Mit 60 Jahren ‚geht's Alter an': Wolf und Gans. Mit 70 Jahren ‚ein Greis': Hund und alter Geier. Mit 80 Jahren ‚schneeweiß': Kater und Eule. Mit 90 Jahren ‚Kinderspott': Esel und Fledermaus. Mit 100 Jahren ‚Gnad' von Gott'."

„Eigentlich schade", findet Bauer, „dass man die Dinge, die man direkt vor sich hat, so wenig beachtet." Aber andererseits ist das auch wieder interessant. Denn die Geheimnisse, die sich direkt vor der eigenen Nase befinden, sind, wenn sie gelüftet werden, oft die schönsten.

Eva-Maria Bast

....

So geht's zum Treppenturm:

Der Treppenturm steht im Prunkhof des Neuen Rathauses. Dieses steht unübersehbar am Marienplatz.

Florian Scheungraber blickt auf die Namen der Studenten, die am 18. Februar 1881 aus Unachtsamkeit ums Leben kamen.

Kreuzinschrift
Für die Toten der Eskimotragödie

E s ist das größte Kreuz auf dem Alten Münchner Südfriedhof. Aber weil es zwischen hohen Bäumen steht, übersieht man es trotzdem leicht. *Ruhestätte der am 18. Februar 1881 verunglückten Künstler*, steht auf der Tafel im Sockel. Darunter sind sieben Namen von Männern zu lesen, von denen der jüngste zarte 17 Jahre alt war. „Sie waren alle Studenten der Münchner Akademie der Bildenden Künste", erklärt Florian Scheungraber von den

Städtischen Friedhöfen München. Das Unglück, das sie alle das Leben kostete, erlangte damals als „Eskimotragödie von München" europaweit traurige Berühmtheit. Heute jedoch kann mit dem Begriff kaum ein Münchner etwas anfangen.

„Die jungen Männer waren alle an einer Theateraufführung bei einer Faschingsveranstaltung in Kil's Colosseum im Glockenbachviertel beteiligt. Das Motto hieß ‚Eine Reise um die Welt' und sie hatten sich das Thema ‚Antarktis' ausgesucht", erzählt der Münchner. Um das Thema optisch umzusetzen, hatten sich die Studenten aus der Bildhauerklasse von Professor Max Wiedemann für ihren Auftritt im damals größten Vergnügungspalast der Stadt Eisbären- und Eskimokostüme aus Jute, weißer Watte und Schafsfell gebastelt. Keine schlechte Idee – eigentlich. „Zum Stück gehörte es auch, dass sie ein Iglu aus Pappmaché und Eisberge aus Gips und Holz auf die Bühne stellten. Sie entzündeten auf einer Tonne eine Talgkerze und brieten Heringe darüber", fährt der Friedhofsexperte fort. Das wiederum war eine weniger gute Idee: Schon zu Beginn der Aufführung fing eines der Kostüme kurz Feuer. „Das ließ sich aber noch schnell löschen", weiß Scheungraber. Die mehr als 3000 Feiernden im Saal

„Das Kostüm verbrannte blitzartig und die Flammen griffen auf die Verkleidung der anderen Schauspieler über."

des Colosseum nahmen davon nichts wahr: wer der Aufführung folgte, nicht, und erst recht nicht diejenigen, die ihre Aufmerksamkeit in ihrer Feierlaune anderem widmeten. Die Bühnendarsteller ließen sich nichts anmerken, setzten ihr Stück fort und spielten der Katastrophe entgegen. Denn als gegen Mitternacht der 32 Jahre alte Adolf Görke aus Breslau den Flammen zu nahe kam und sich die Watte an seinem Kostüm entzündete, ließ sich das Feuer nicht einfach ausklopfen. Die anderen elf Schauspieler warfen sich schützend auf ihn – ohne Erfolg. „So schnell wie der Gedanke steht der ganze Mann vom Scheitel bis zur Sohle in helllodernden Flammen, im Nu ein Zweiter – in den Saal stürzen zwei Feuersäulen, weit um sich einen gewaltigen Funkenregen verbreitend", wird ein Augenzeuge später von der Presse zitiert. Daran, dass sich in jeder Hütte – auch bei den Eskimos – ein Eimer mit Wasser befand, dachten sie in ihrer Todesangst nicht.

„Das Kostüm verbrannte blitzartig und die Flammen griffen auf die Verkleidung der anderen Schauspieler über", sagt Florian Scheungraber. Wie lebende Fackeln seien die brennenden Studenten erst über die Bühne und dann durch den Saal gerannt. Diejenigen unter den Zuschauern, die – im Gegensatz zu vielen anderen – den Ernst der Lage erkannten und das Ganze nicht für eine spektakuläre Showeinlage hielten, überschütteten die Männer mit ihren Getränken, um sie zu löschen. „Viele im Saal bekamen davon überhaupt nichts mit", kommentiert Scheungraber kopfschüttelnd. „Die Musik spielte so laut, dass die Schmerzensschreie nicht zu hören waren. Es brach noch nicht einmal Panik aus, obwohl es nur einen Ein- und Ausgang gab." Auch die Feuerwehr griff ein und konnte die Flammen schnell löschen – die Tragödie dauerte nur vier Minuten. Doch für die meisten der betroffenen Studenten kam die Hilfe zu spät.

Während die Faschingsparty weiterging, trugen Helfer die verbrannten, sterbenden Bildhauer vor die Tür. Noch in der Nacht erlagen sechs der Männer, deren Namen auf der Tafel am Friedhofskreuz genannt sind, ihren Verletzungen. Drei weitere starben später im Krankenhaus. Sieben der Verbrannten wurden später auf dem Südfriedhof beigesetzt. „Der Trauerzug war einer der längsten, die München zur damaligen Zeit gesehen hatte", schließt Florian Scheungraber die Geschichte am Friedhofskreuz. Im Jahr 1881 war in München der Fasching damit frühzeitig beendet, ähnliche Veranstaltungen wurden abgesagt. Doch schon im nächsten Jahr ging das bunte Treiben weiter – dann jedoch mit verschärften Sicherheitsbedingungen und erhöhten Brandschutzauflagen.

Heike Thissen

So geht's zur Kreuzinschrift:

Das Kreuz für die Studenten steht auf dem Alten Münchner Südfriedhof an der Thalkirchner Straße. Es befindet sich im Gräberfeld 20 im hinteren Teil des Friedhofs und ist von weitem zu sehen.

Edith von Welser-Ude hat seinerzeit veranlasst, dass die Gedenktafel angebracht wird.

37 Münchner Freiheit

Die Einsicht kam spät – aber sie kam

Deutschland im April 1945. Hauptmann Rupprecht Gerngross (1915–1996) hat ein Ziel: Er will Bayern dazu bringen, zu kapitulieren. Dass Deutschland den großen Krieg verlieren wird, ist ihm, wie wohl den meisten Menschen zu jener Zeit, klar. Im Norden tobt die Schlacht um Berlin. Im Süden stoßen amerikanische und französische Verbände immer weiter vor. Es sei eine Alpenfestung vorbereitet, heißt es. Doch Hauptmann Rupprecht Gerngross hat begriffen: Den Alliierten ist nichts mehr entgegenzusetzen, sondern es wird noch viel, viel mehr Blutvergießen geben, wenn man nicht einlenkt! Er sucht nach Unterstützern, aber viele schließen sich seiner Initiative „Freiheitsaktion Bayern" (FAB) nicht an. Weil sie noch an Führer und Sieg glauben. Oder weil sie Angst vor dem NS-Regime haben, das mit „Hochverrätern" – und nichts anderes wäre es aus Sicht der Nazis gewesen, was Gerngross plante – kurzen Prozess macht. Am 28. April gelingt es ihm und seinen wenigen Unterstützern, zwei Reichssender zu besetzen. Außerdem werden die Amerikaner von der Widerstandsgruppe über ihr Vorhaben informiert. „Mit diesen Aktionen hat das FAB München vor noch größerer Zerstörung gerettet", sagt Edith von Welser-Ude. Denn die anrückenden Amerikaner wussten nun vom Willen der Widerständler und auch, dass diese immerhin die Möglichkeit hatten, den Radiosender an sich zu bringen. „Es war ihnen damit wohl klar,

„Es hat mich immer gestört, dass weder Schwabinger noch Zugezogene wissen, warum die Münchner Freiheit so heißt, wie sie heißt."

dass nicht mehr viel Gegenwehr zu befürchten war", meint die Gattin des einstigen Münchner Oberbürgermeisters Christian Ude. „Für die Alliierten galt die Devise: Solange von Seiten der Deutschen kein Schuss fällt, fangen wir nicht an." Tatsächlich sei der Einmarsch der Amerikaner in München teilweise auch bejubelt und mit weißen Fahnen begrüßt worden.

Viele Freiheitskämpfer bezahlen ihren Mut jedoch mit dem Leben: Noch wenige Stunden vor der Befreiung werden sie gejagt, rund 40 werden ermordet, Gerngross kann sich in ein Versteck retten.

1946 dankt man es ihnen. Der Feilitzschplatz wird in „Münchner Freiheit" umbenannt. Oberbürgermeister Karl Scharnagl (1881–1963) schlägt vor, eine Erinnerungstafel anzubringen. Darauf der Text: *Den bayerischen Widerstandsgruppen und ihren Kämpfern, im besonderen der in München hervorgetretenen FAB (Freiheitsaktion Bayern) gewidmet.* Die Idee wird in die Tat umgesetzt, doch als die U-Bahn gebaut wird, geht die Gedenktafel verloren.

„Es war historisch immer umstritten, wie man sich zur FAB stellen soll. Für die Kritiker kam dieser Widerstand viel zu spät", sagt Edith von Welser-Ude. Und: „Es hat mich immer gestört, dass weder Schwabinger noch Zugezogene wissen, warum die Münchner Freiheit so heißt, wie sie heißt." Viele hätten gedacht, der Name komme daher, dass es sich bei Schwabing um ein sehr liberales Stadtviertel handelt, in dem man die „Münchner Freiheit" genießen könne. Also stellte sie, damals SPD-Stadträtin, im August 1978 den Antrag, erneut eine

Die Inschrift auf der Tafel ist nur schwer zu entziffern.

Gedenktafel an der Münchner Freiheit zu errichten, die an die FAB erinnert. 1981 wurde sie angebracht. Nun aber mit anderer Inschrift: *In den letzten Tagen des Zweiten Weltkrieges*, ist auf der Tafel zu lesen, *haben die Freiheitsaktion Bayern und andere zu Widerstand gegen die nationalsozialistische Gewaltherrschaft entschlossene Bürger sinnloses Blutvergießen verhindert.* Der erste Teil, „In den letzten Tagen", weise also auf den späten Umschwung hin, darauf, „dass es keine Widerstandskämpfer im eigentlichen Sinne waren, sondern Männer, die in allerletzter Minute zur Vernunft gekommen sind". Doch besser spät als nie: „Sie haben sinnloses Blutvergießen verhindert", macht die Politikerin deutlich. „Deshalb bin ich froh, dass die Tafel an sie erinnert." Trotzdem blieb die Geschichte ein Geheimnis: Die Tafel hängt an einem Ort, an dem selten jemand vorbeigeht. Und sie hebt sich nicht allzu sehr von der Mauer ab, auf der sie angebracht ist, auch ist die Schrift nicht gut zu lesen. Edith von Welser-Ude findet das schade, denn: „Die Geschichte hätte schon etwas mehr Aufmerksamkeit verdient."

Eva-Maria Bast

So geht's zur Gedenktafel:

Die Gedenktafel hängt am Platz „Münchner Freiheit" an der Mauer unterhalb der Apotheke in Richtung U-Bahn-Ausgang.

Der Stein steht auf der ehemaligen Grenze zwischen dem Herzogtum Bayern und dem Hochstift Freising.

Grenzstein

Ein Polizist als Schutzengel

Dieter Vögele genießt seinen Ruhestand vom aufregenden Leben als Beamter der Münchner Polizeiinspektion 22 in Oberföhring in vollen Zügen. Doch genau jenen mehr als 27 Jahren im Einsatz für Recht und Ordnung verdankt er es, dass er sich besser als viele andere in der bayerischen Landeshauptstadt auskennt. Und so weiß der ehemalige Vorsitzende des Vereins für Stadtteilkultur im Münchner Nordosten auch, was es mit dem unscheinbaren Stein auf sich hat, der an der Steigung des Rochus-Dedler-Weges in Oberföhring steht. „Der Stein hat früher die Grenze zwischen dem Herzogtum Bayern und dem Hochstift Freising markiert und war deswegen für beide Seiten sehr wichtig", beginnt er seine Ausführungen. Auf dem rund 80 Zentimeter hohen Granitstein ist zum Weg hin das herzogliche, zum Erdwall hin das Wappen des Hochstifts eingelassen.

Wo die Grenzen zwischen den beiden Herrschaftsbereichen verliefen, war eine politisch hoch brisante Frage. „Das Hochstift war als Nachbar des weit größeren Herzogtums und späteren Kurfürstentums Bayern oft in Konflikte mit diesem verstrickt", erklärt Vögele. Seit der damalige Herzog und spätere deutsche Kaiser Ludwig der Bayer (1281/82–1347) die Ortschaften Ismaning, Unterföhring, Englschalking und Daglfing 1313 an den Freisinger Bischof verkauft hatte, verlief die Grenze unter anderem durch Oberföhring. In den folgenden

„Der Stein stand bis zum Juli 1985 viele Jahrhunderte an seinem angestammten Platz."

Jahrzehnten und Jahrhunderten versuchten die bayerischen Herzöge und Kurfürsten stets, das Hochstift unter ihren Einfluss zu bringen. Doch erst die Säkularisation 1803 hob die Herrschaft des letzten Fürstbischofs Joseph Konrad Freiherr von Schroffenberg (1743–1803) auf und zog die Enteignung des kirchlichen Besitzes durch den Staat Bayern nach sich. Der Bischofssitz wurde 1821 nach München verlegt und das neue Bistum „Erzbistum München und Freising" genannt. Seither ist der Grenzstein ohne politische Bedeutung. Trotzdem gibt es immer wieder Leute, die sich für ihn interessieren – und das nicht immer im positiven Sinn, wie Vögele miterlebt hat.

„Der Stein stand bis zum Juli 1985 viele Jahrhunderte an seinem angestammten Platz", fährt der Pensionär fort. Und dann stellte der damalige Kreisheimatpfleger des Landkreises München, Fritz Lutz, bei einem Stadtteilspaziergang fest, dass er gestohlen worden war. „Das war besonders deswegen ärgerlich, weil Lutz noch eine Stunde zuvor seine Route abgelaufen war und dort in der Nähe zwei junge Männer hantieren sah, die er aber für Bauarbeiter hielt und deswegen nicht ansprach", erinnert sich Vögele an die Geschehnisse vor drei Jahrzehnten.

Lutz setzte sofort alle Hebel in Bewegung und informierte nicht nur die Polizei, sondern auch die Münchner Tageszeitungen und Boulevardblätter. Sie starteten einen Fahndungsaufruf nach dem Grenzstein. „Am 15. Juli rief einer der Diebe im Pfarrhof von St. Lorenz an, der benachbarten Kirche. Doch der Kaplan aus Ghana, der das Gespräch entgegennahm,

verstand den Münchner Dialekt nicht und reichte den Hörer der Pfarrers-
köchin weiter ", fährt Vögele fort. Der Dieb gab an, der Stein sei am Bahndamm an der Leinthaler Brücke abgelegt. Anscheinend hatten er und
sein Komplize kalte Füße bekommen und
sich dazu entschlossen, das Diebesgut lieber
wieder zurückzugeben. Weil sich die Köchin
selbst nicht zum beschriebenen Ort traute,
zog sie einen Tag später Vögele ins Vertrauen.
„Ich war an diesem Tag im Bayerischen
Landtag im Einsatz und in Zivilkleidung
unterwegs. Nach dem Anruf fuhr ich
schnellstmöglich mit meinem Privatauto zu
der Stelle, die der Dieb beschrieben hatte",
erinnert er sich. Vögele parkte in aller Eile
seinen Wagen und suchte Damm auf, Damm
ab nach dem Grenzstein, jedoch ohne Erfolg.
„Es war wie verhext, ich konnte ihn einfach
nicht finden, so sehr ich ihn auch suchte",
sagt er. Mutlos sei er dann zurück zu seinem
Auto gegangen. „Und da musste ich feststel-
len, dass das Hinterrad auf einem grauen,
länglichen Etwas stand", muss er noch heute
lächeln, wenn er die Geschichte erzählt. Die
Diebe hatten den Grenzstein am Bordstein abgelegt und Vögele hatte
prompt darauf geparkt. Er brachte das Diebesgut zum Pfarrhof.

*Dieter Vögele hat maßgeblich
dazu beigetragen, dass der Grenzstein gerettet werden konnte.
Vom Straßenschild bis
zum Standort sind es nur
wenige Schritte.*

Seither steht nicht mehr der originale Stein, sondern eine Kopie an
Ort und Stelle in Oberföhring. Der Grenzstein, auf dem Vögele geparkt
hat, ist heute im Stadtmuseum München zu sehen. Er hat sowohl den
Diebstahl als auch die unbeabsichtigte Attacke durch den Polizeibeam-
ten unbeschadet überstanden.

Heike Thissen

So geht's zum Grenzstein:

*Der Grenzstein steht am Rochus-Dedler-Weg von der Muspillistraße
kommend auf Höhe des dritten Lichtmasten rechts.*

39

Spuren im Boden

Den Hitlergruß elegant umgangen

Die, die hier gingen, waren auf dem richtigen Weg. Denn sie hatten nur einen Wunsch: den Hitlergruß zu umgehen. An sie erinnert seit 1995 eine Bronzespur im Asphalt, eine Arbeit des Künstlers Bruno Wank.

Am 9. November 1923 waren Adolf Hitler (1889–1945) und seine Anhänger durch die Stadt marschiert. Ihr Ziel: Umsturz, Beseitigung der von ihnen verachteten Demokratie. An der Feldherrnhalle stoppte die Bayerische Landespolizei den Trupp, es kam zu einer Schießerei, 16 Putschisten aus dem Gefolge Adolf Hitlers und vier Polizisten starben.

Zehn Jahre später, nachdem Hitler das Amt des Reichskanzlers übertragen worden war, was er als „Machtergreifung" bezeichnete, machte er die Feldherrnhalle zu einer Propagandastätte für die Nationalsozialisten und brachte an der Ostseite eine große Gedenktafel mit den Namen der getöteten Putschisten an. Dazu die Inschrift „Und ihr habt doch gesiegt". Stadtarchivar Dr. Michael Stephan erzählt, dass Adolf Hitler diesen „Marsch zur Feldherrnhalle" ab 1933 alljährlich inszeniert und der gefallenen Umstürzler gedacht habe. „Jedes Jahr ging der Zug durch die Straßen. Das war richtig gespenstisch, auf alten Fotos kann man noch sehen, wie alles mit Fahnen geschmückt war."

Und nicht nur das: Vor der Gedenkstätte an der Feldherrnhalle gab es auch eine „Ehrenwache", zwei SS-Männer standen hier Tag und Nacht. „Wer hier vorüberkam, musste den Hitlergruß ausführen", sagt der Stadtarchivar. Um das zu vermeiden, seien anders Gesinnte eben den kleinen Schleichweg durch die

Die Bronzespur markiert heute den Weg, den jene nahmen, die den Hitlergruß an der Feldherrnhalle umgehen wollten.

Christian Ude hat sich dafür stark gemacht, dass die Gedenkplatte für die Polizisten einen würdigen Platz bekommt.

Viscardigasse gegangen. Nachdem die Amerikaner in der Stadt ein-
marschiert waren, haben Münchner Bürger die Tafel eigenmächtig
entfernt. Später würdigte man die vier getöteten Polizisten mit einer
Gedenkplatte im Boden vor der Feldherrnhalle.

„Man ging ja achtlos darüber hinweg, man trat das Andenken sogar buchstäblich mit Füßen."

Dem damaligen Oberbürgermeister Christian
Ude gefiel diese Form des Gedenkens aber
überhaupt nicht. „Man ging ja achtlos darüber
hinweg, man trat das Andenken sogar buchstäblich mit Füßen", sagt Ude. Gegen mehrere
Widerstände machte er sich dafür stark, dass
die Gedenkplatte ins Museum kam und am
9. November 2010 eine neue Gedenktafel an der Außenwand der
gegenüberliegenden Residenz angebracht wurde. An der Stelle, an der
sich ursprünglich die Gedenkplatte in der Pflasterung befand, ist
heute noch ein viereckiger Teerfleck zu sehen.

In der Viscardigasse erinnert die Bronzespur an diejenigen, die
hier stillen Widerstand leisteten. Und natürlich der Name „Drückebergergasse". Wobei dieses Vermeiden des Grußes einen schöneren
Namen verdient hätte – Drückeberger ist ja durchaus negativ belegt.
„Weg des stummen Widerstands" wäre zum Beispiel eine ausdrucks-
starke Alternative.

Eva-Maria Bast

....

So geht's zu den Spuren auf dem Boden:

*Die offizielle Bezeichnung für die „Drückebergergasse" lautet
„Viscardigasse". Sie verbindet die Residenzstraße mit der
Theatinerstraße. Hier verlaufen die Bronzespuren im Asphalt.
Auch auf dem Odeonsplatz, vor der Feldherrnhalle,
befinden sich noch Spuren: Das Asphaltviereck im Pflaster
ist die Stelle, wo einst die Gedenkplatte für die Polizisten lag.*

Mit dieser Inschrift erinnert das Gebäude an seine Vergangenheit als Waisenhaus.

40

Pöppelsches Waisenhaus

Eine Heimat für arme Kinder

Erna Endres hat etwas, das vielen ihrer Zeitgenossen fehlt: eine richtige Heimat. „Hier bin ich zuhause, hier fühl ich mich wohl", sagt sie über das Gebäude, in dem sie wohnt, und man merkt, dass sie es ernst meint. In dem Haus haben schon ihre Eltern gewohnt. Hier ist sie auf die Welt gekommen. Hier ist sie aufgewachsen und hat im Garten mit ihren Schwestern gespielt. Sie ist nie weggezogen, außer einmal im Jahr 1983, als das Gebäude umgebaut wurde. Das Haus in der Vorstadt Au ist für Erna Endres ein Wohlfühlort. Das liegt vielleicht auch an der besonderen Vergangenheit des Gebäudes. „Lange vor meiner Geburt war das Haus das Pöppelsche Waisenhaus", sagt sie. Und dessen Geschichte erzählt von

Fürsorge, Geborgenheit, Schutz für Kinder aus der Au und einem Mann namens Michael Pöppel, der sein letztes Hemd dafür gegeben hätte, den Heimat- und Elternlosen zu helfen.

„Im Österreichischen Erbfolgekrieg sind viele Münchner auf den Schlachtfeldern gefallen, darunter auch viele aus der Au", erklärt Erna Endres. Nachdem Kaiser Karl VI. (1685–1740) ohne männliche Erben gestorben war und seine Tochter Maria Theresia (1717–1780) den habsburgischen Thron bestiegen hatte, entbrannte ein Konflikt um die Ansprüche auf die rechtmäßige Herrschaft. Auch Karl Albrecht von Bayern (1697–1745) sah sich, beziehungsweise seine Gattin Maria Amalie (1701–1756), die Nichte des verstorbenen Kaisers, als rechtmäßigen Erben und beteiligte sich mit seinem Heer am Bündnis zwischen Bayern, Sachsen und Frankreich gegen Österreich. Der Österreichische Erbfolgekrieg begann 1740 und endete 1748 mit dem Frieden von Aachen, in dem Maria Theresia als Herrscherin der habsburgischen Monarchie bestätigt wurde.

Erna Endres wurde im Pöppelschen Waisenhaus geboren und wohnt noch heute dort.

Die Herrschaftsfrage war damit geklärt. Nicht geklärt war hingegen, was mit den Kindern aus der Au passieren sollte, deren Väter im Kampf zu Tode gekommen waren. Sie irrten in jenen Jahren zwischen 1740 und 1748 verlassen, verarmt und halb obdachlos auf den Straßen der Au umher und kämpften ums Überleben. Diesen Zustand konnte Michael Pöppel (gest. 1763) kaum ertragen. Der mittellose Privatlehrer aus der Au, der bei den Jesuiten Theologie studiert hatte und anschließend dem Franziskanerorden beigetreten war, war entschlossen zu handeln. „Also versuchte er ein Waisenhaus in der Au einzurichten und die Kinder von der Straße zu holen", erinnert Erna Endres an den ehemaligen Besitzer ihres Elternhauses.

Pöppel hatte in Freising und Erding in Waisenhäusern gearbeitet. Er wusste, was er wollte. Doch ihm fehlte das Geld. Sein Gehalt als Privatlehrer reichte gerade einmal für ihn selbst. Von der gebeutelten Münchner Bevölkerung waren Spenden kaum zu bekommen. Doch Pöppel ließ von seinem Vorhaben nicht ab und quartierte im Herbst 1742 kurzerhand 30 Mädchen und Jungen in seiner Mietwohnung ein. Er nannte seine Einrichtung eine „Gemein Waysen Stuben" und gab sein Bestes. „Sieben Jahre lang erhielt er auf diese Weise seine Anstalt, die Kinder kleidend, nährend und lehrend, kämpfend mit allen möglichen

Auf dem Gehweg neben dem Haus ist mit Pflastersteinen der Umriss der ehemaligen Andreas-Kapelle nachgezeichnet.

Hindernissen, die sich ihm entgegenstellten, mit Armuth, ja oft mit bitterer Noth, und mit den Anforderungen eines Heeres von unabweislichen Bedürfnissen", schreibt Joseph Maria Mayer in seinem Münchner Stadtbuch über Pöppel und die Anfänge des Waisenhauses. Es braucht nicht viel Fantasie, um sich vorzustellen, was es für Pöppel und seine Schützlinge bedeutet haben muss, auf so engem Raum jeden Tag aufs Neue ums Überleben zu kämpfen.

Pöppel fand zwar immer wieder Unterstützer und Spender, doch die Summen reichten gerade einmal, um die Kinder mit Nahrung zu versorgen. An ein eigenes Gebäude für sie war nicht zu denken. Die Wende kam 1749. In jenem Jahr nach dem Kriegsende wurde in allen Kirchen in München und der Au um milde Gaben für die Opfer des Krieges gebeten – auch für die Waisen. Offensichtlich hatten die Gläubigen für diejenigen, die noch ärmer dran waren als sie selbst, ein großes Herz. Dadurch kam eine so beträchtliche Summe zusammen, dass auch Pöppel etwas davon abbekam. „Und hier kommt mein Elternhaus ins Spiel. Denn damals stand hier im Sammerviertel dieses Gebäude zur Verfügung, das Pöppel sofort kaufte", sagt Erna Endres.

Auch danach verlief längst nicht alles so, wie Pöppel es sich gewünscht hätte. Aber er bewies Durchhaltevermögen und Einfallsreichtum, baute drei Jahre lang das Gebäude nach den Bedürfnissen seiner Schützlinge aus und wurde nicht müde, immer wieder für sein Waisenhaus „St. Andrä in der Au" bei Geldgebern zu werben.

Auf Gott vertraut, / hat mich erbaut, / durch Almosen milde Gab', / den Ursprung ich genommen hab. / Und bin erholt von Grund heraus / zu einem armen Waisenhaus. 1751.

Das ließ er schließlich auf einer Steintafel über der Tür, durch die Erna Endres heute ihren Garten betritt, verewigen, als das Werk geschafft war. Und plötzlich änderten diejenigen, die ihn zuvor kritisch beäugt und ihm Unterstützung versagt hatten, ihre Meinung: Am 22. August 1751 erhielt Pöppel ein „förmliches Sammlungspatent", das es ihm nun offiziell erlaubte, Spendengelder zu sammeln. „Er fand schnell genügend Wohlgesonnene,

„Lange vor meiner Geburt war das Haus das Pöppelsche Waisenhaus."

sodass er nicht nur seine Bauschulden bezahlen, sondern auch einen größeren Betrag auf die Seite legen konnte", erzählt Erna Endres.

Sogar eine Kapelle für die Waisenkinder gab es, doch diese wurde 1922 abgerissen. Ihr Umriss ist aber im Gehweg neben dem Gebäude mit Steinen markiert. 1763 starb Michael Pöppel. Sein Waisenhaus in der Sammtstraße bestand noch bis 1819 weiter, bevor es in die Findlingsstraße verlegt wurde. In einer der Wohnungen, die danach im Gebäude eingerichtet wurden, kam Jahrzehnte später Erna Endres zur Welt. Und sie sorgt noch heute dafür, dass die Geschichte von Michael Pöppel, der so vielen Kindern in ihrem Wohnhaus eine Heimat gegeben hat, nicht verloren geht.

Heike Thissen

....

So geht's zum Pöppelschen Waisenhaus:

Das Waisenhaus, das Johann Michael Pöppel 1751 erbaute, steht in der Sammtstraße 3 im Münchner Stadtteil Au.

So manches Zollamt würde sich heute über ein derart schmuckes Gebäude freuen!

Zollhäuschen

Hübsche Zahlstation für Händler

K önnten Orte, an denen einem Geld abgenommen wird, doch immer so schön aussehen! Das Bezahlen von Steuern, das Begleichen von Strafzetteln oder das Entrichten von Autobahngebühren würde vielleicht wenigstens ein kleines bisschen Spaß machen! Doch die Zeiten, in denen man in der Oberföhringer Straße 57 noch ungeliebte Abgaben bezahlen konnte – oder musste – sind lange vorbei. Es ist ohnehin fraglich, ob die Händler, die Ende des 19. Jahrhunderts an dem schmucken Haus ihren Pflasterzoll begleichen mussten, überhaupt ein Auge für das Gebäude hatten. Vermutlich eher nicht. Sie wollten so schnell wie möglich in die Stadt und dort ihre Ware an die Münchner verkaufen, bevor es jemand anderes tat.

„Das Zollhäuschen sah auch damals, als es gebaut wurde, schon so hübsch aus. Nur den Erker hat man bei einem Umbau auf die linke Seite versetzt. Der befand sich eigentlich rechts", erzählt Roland Krack zu dem Gebäude im Münchner Stadtbezirk Bogenhausen. Der gebürtige Münchner, der sich als Vorsitzender des Vereins für Stadtteilkultur

149

im Münchner Nordosten unter anderem für den Erhalt der liebens-
werten Besonderheiten seiner Heimat einsetzt, fährt fort: „Ab 1850 hat
die Stadt an ihren damaligen Burgfriedensgrenzen Stationen wie diese
hier errichtet, um die Abgabe der städtischen Zölle zu kontrollieren."
Dass München den Pflasterzoll überhaupt erheben durfte, war ein
Privileg, das ihr die Herzöge Ernst von Bayern-München (1373–1438)
und dessen Bruder Wilhelm III. (1375–1435) bereits im Jahr 1394

*Roland Krack stellt
die Situation nach,
die hier hundertfach
stattgefunden hat.*

erteilt hatten. Damals hatte der Rat der Stadt beschlossen, die ersten Straßen pflastern zu lassen, und wollte
so die finanziellen Mittel für die Bauarbeiten erheben.
Eigentlich kein schlechter Gedanke: Wer die Straßen
nutzte, sollte einen Beitrag dazu leisten, dass sie künftig
bequemer zu befahren waren.

Auch 500 Jahre später ging es beim „Pflasterzoll"
in München noch immer um den Bau und den Erhalt
der Straßen – sonst hätte man ihn ja auch anders benen-
nen müssen. Die Pflasterzollordnung, die am 1. Oktober 1864 in Kraft trat, legte genau fest, welche Gebühren
für welche Güter anfielen. „Der von allen Frachtstücken
zu entrichtende Zoll beträgt 2 Kreuzer vom Sporco-
Zentner Zollgewicht, soweit nicht ein verminderter
Zoll (…) oder gänzliche Pflasterzollfreiheit (…) ein-
tritt." Mit „Sporco-Zentner" war dabei das Bruttoge-
wicht der Ware inklusive Verpackung gemeint. Was
zunächst ziemlich überschaubar klingt, verkompli-
zierte sich durch weitere Bestimmungen jedoch zuse-
hends. „Von den auf den Landstraßen eingehenden Frachtstücken wird
der Pflasterzoll beim Schlagbaume (…) von 30 Kreuzer für jedes ange-
spannte Zugthier erhoben." Doch längst nicht alle Waren kamen über
die Landstraßen in die Stadt. Die Zölle für Güter, die mit der Eisenbahn
ankamen, mussten im Bahnhof bei den Güterexpeditionen entrichtet
werden. Wer Waren auf der Isar transportierte, zahlte bei den dortigen
Flößern. Wichtig war, dass der Händler die Quittung aufbewahrte, die
ihm ausgestellt wurde. Sonst konnte es schon einmal vorkommen, dass
er bei einer Kontrolle des Zollbetrugs bezichtigt und noch einmal zur
Kasse gebeten wurde.

Die Pflasterzölle trafen vor allem die Händler von auswärts. In der Pflasterzollordnung ist detailliert festgehalten, dass beispielsweise „Feldfrüchte, welche während der Ernte durch hiesige Bürger von ihren nächst der Stadt-Markung gelegenen Gründen hereingebracht werden" und „Getreide, welches zur Schranne beigeführt oder an hiesige Einwohner, Bäcker, Bräuer, das königl. Hofbräuhaus hierher gebracht wird" vom allgemeinen Pflasterzoll ausgenommen waren. Ebenfalls kostenfrei waren Transporte des königlichen Hofes, des Staates und der königlichen Behörden. Getreide, das die Stadt München lediglich passierte, um anderswo verkauft zu werden, wurde hingegen sehr wohl mit Gebühren belegt. „Schon allein bei uns im Stadtbezirk Bogenhausen gab es früher einmal vier Zollhäuschen", erklärt Roland Krack. Sie standen in der Denninger, der Englschalkinger, der Ismaninger und der Oberföhringer Straße.

Während im Deutschen Reich mit dem Zolltarifgesetz von 1902 die Zeit der Pflasterzölle endete, machte Bayern eine Ausnahme und behielt die Abgaben bis in die 1930er-Jahre bei. Und nicht nur das: Es wurden sogar im großen Stil neue Pflasterzölle eingeführt. Allein in den beiden Jahren zwischen 1908 und 1910 stieg die Zahl der bayerischen Ortschaften mit Pflasterzoll von 47 auf 163! Zwölf Jahre später waren es sogar 486 Gemeinden, die so ihre Einnahmen aufbesserten. Doch wegen der Inflation nach dem Ersten Weltkrieg lohnte sich das Eintreiben des Pflasterzolls bald immer weniger. Gut für die auswärtigen Händler. Schlecht für die Zollhäuschen: Die meisten von ihnen wurden abgerissen. Bis auf das in der Oberföhringer Straße und wenige andere im Stadtgebiet, die noch heute stolz davon künden dürfen, wie schön Zollhäuschen einst ausgesehen haben.

Heike Thissen

So geht's zum Zollhäuschen:

Das ehemalige Zollhäuschen wird heute als Wohnhaus genutzt, es steht in der Oberföhringer Straße 57.

Die Stadtführerinnen Manuela Haberl und Carola Kühberger (von links) tauschen sich über Karl Theodor und Leopoldine aus.

42 Stadtmauerrest

Femme fatale und ein ungeliebter Mann

E in kleines Stückchen steht noch. Der Rest wurde geschleift, also abtragen. Wovon die Rede ist? Von der Mauer, die sich in der Jungfernturmstraße befindet und bei der es sich um den letzten Rest der zweiten Stadtbefestigung handelt. Eigentlich soll es in dieser Geschichte nicht um die Stadtmauer gehen, sondern um den, der sie abbrechen ließ. Oder besser: der begann, die Befestigungsmauern abzutragen, nämlich Kurfürst Karl Theodor (1724–1799).

Eine Stadtmauer gab es in München seit dem 12. Jahrhundert, als die Ansiedlung mit einer Mauer und einem Wassergraben gesichert wurde. Die Gründung der Stadt erfolgte 1157/1158 durch den Welfen Heinrich XII. den Löwen (um 1129/1130–1195), Herzog von Sachsen und Bayern. „Vor der Stadtgründung gab es am Petersbergl eine Niederlassung von Mönchen", schildert Stadtführerin Manuela Haberl. „Daher kommt auch der Name München."

Die Stadt wuchs, das erweiterte München wurde wohl durch eine Graben-Wall-Anlage befestigt. Nach einer weiteren Ausdehnung der Stadt baute man im späten 13. bis ins 14. Jahrhundert die zweite Ringmauer, die ebenfalls von einem Wassergraben umgeben war. „Was man heute hier sieht", sagt Manuela Haberl, „sind Überreste der zweiten Stadtmauer, von der ersten ist oberirdisch nichts mehr erhalten." Zu Beginn des 15. Jahrhunderts verstärkte man die zweite Stadtmauer noch durch eine Zwingermauer, drum herum wurde im 17. Jahrhundert eine Festungsanlage gebaut.

Nun aber zu Karl Theodor: Selbiger ließ die Befestigungsanlagen abtragen, im 19. Jahrhundert folgte dann der Abriss der Stadtmauer. „Er fand die Festungsanlage wohl antiquiert", überlegt Manuela Haberl. Beliebt machte er sich damit bei den Münchnern natürlich nicht. Zumal er, wie die Stadtkennerin sagt, „Bayern auch noch an die Habsburger verschachern wollte".

Karl Theodor galt als intellektuell, tolerant und als Förderer der Kunst und der Wissenschaft. Er war eigentlich Pfalzgraf und Kurfürst von der Pfalz und residierte in Mannheim, das er zu großer wirtschaftlicher und kultureller Blüte führte. Als jedoch 1777 mit Maximilian III. Joseph der letzte bayerische Wittelsbacher starb, fiel Bayern, einem wittelsbachischen Hausvertrag gemäß, an Karl Theodor. Und er musste, so sah es der Vertrag vor, fortan in München residieren. Karl Theodor war nun Herrscher über die Kurpfalz, Pfalz-Sulzbach, Pfalz-Neuburg, die niederrheinischen Herzogtümer Berg und Jülich und über die Markgrafschaft Bergen op Zoom in den Niederlanden. Und Kurfürst von Bayern. Als solcher war er äußerst unbeliebt, denn Karl Theodor lebte, so könnte man sagen, mitten in der Stadt in einem Exil, umgab sich mit den Menschen aus der Pfalz, die ihm gefolgt waren, hatte wenig Kontakt zu den Münchnern und zeigte wenig Interesse an ihnen. Vielleicht fehlte ihm auch einfach die Gelegenheit, sich auf seine neuen Untertanen einzulassen, denn schon kurz nach seinem Regierungsantritt war er in außenpolitischer Hinsicht sehr gefordert: Österreich beanspruchte die Oberpfalz und Niederbayern. Karl Theodor erklärte sich bereit, diese Gebiete abzutreten und dafür Territorien in Vorderösterreich einzutauschen. Damit war jedoch das Königreich Preußen ganz und gar nicht einverstanden. Es „sah in diesem Vorgang eine unzulässige Verschiebung der Kräfteverhältnisse im Reich zugunsten des Hauses Österreich und intervenierte militärisch", schreibt Jörg Engelbrecht in einem Aufsatz. „Im Frieden von Teschen (1779) wurde diese Abmachung schließlich für nichtig erklärt."

Die letzten Reste der Stadtmauer.

Damit jedoch war noch längst keine Ruhe eingekehrt: „Er wollte Bayern gegen die österreichischen Niederlande tauschen", sagt Manuela Haberl. Bei Engelbrecht ist nachzulesen, dass das „grosso modo das Staatsgebiet des heutigen Belgien" gewesen wäre. Als Fernziel, so Engelbrecht, habe Karl Theodor die Schaffung eines eigenen Königreichs Burgund vorgeschwebt. Der Plan sorgte bei den bayerischen Untertanen gleichermaßen für Empörung, wie er in Preußen zu Widerstand führte. Karl Theodor musste schließlich aufgeben.

Und auch künftig strengte er sich nicht sonderlich an, um die Herzen der Münchner zurückzugewinnen: 1784 verbot er zahlreiche Vereinigungen, 1785 untermauerte er das Verbot mit einem Edikt, mit dem er vor allem dem Geheimorden der Illuminaten und den Freimaurern, die er als „landesverräterisch" und „religionsfeindlich" bezeichnete, den Kampf ansagte.

1788 stritt er derart heftig mit dem Münchener Magistrat, dass er seine Residenz wieder nach Mannheim verlegte. Zwar kehrte er ein Jahr später zurück, doch keineswegs in der Absicht, künftig gut Freund mit den Münchnern zu sein: 1791 zwang er den Rat, ihm in der Maxburg vor einem Bildnis seiner selbst Abbitte zu leisten.

Auch privat hatte er kein glückliches Händchen: „Er wurde zu Lebzeiten dafür bestraft, dass er so mit den Münchnern umgesprungen ist", ist Stadtführerin Carola Kühberger überzeugt. Wie ihre Kollegin Manuela Haberl ist sie von der Geschichte Karl Theodors fasziniert, hat sich jedoch mehr mit seiner Beziehung zu Maria Leopoldine von Österreich-Este (1776–1848) befasst. Die kam ins Spiel, als Karl Theodors erste Gattin 1794 starb. Die Ehe mit Elisabeth Auguste von Pfalz-Sulzbach war kinderlos geblieben, der Kurfürst hatte zwar etliche Kinder aus den Beziehungen mit seinen Mätressen, aber keinen Thronfolger.

Kein Jahr nach dem Tod seiner ersten Frau heiratete er deshalb Erzherzogin Maria Leopoldine von Österreich-Este. Doch dieser selbstbewussten jungen Frau, die gerade einmal 18 Jahre alt war, passte die Ehe mit dem inzwischen Siebzigjährigen so gar nicht. „Sie fühlte sich verschachert und wollte sich rächen", bringt es Carola Kühberger auf den Punkt. Das tat sie auf vielfältige Weise: „Sie blamierte ihren Gatten, wo sie nur konnte, terrorisierte den Hof und hatte öffentlich zahllose Affären." Zum Beispiel mit Hofmusiker Franz Eck, Kämmerer Carl Graf von Arco, Graf Montgelas und mit dem Domherrn Karl Graf Rechberg.

Die wirkungsvollste Methode der Rache aber war, sich jeglichen körperlichen Kontakt mit ihrem Gatten zu verbitten. Was logischerweise zur Folge hatte, dass der Zweck der Heirat, einen Thronfolger zu zeugen, nicht erfüllt wurde. Als Karl Theodor 1799 starb, hatte er keinen legitimen Nachkommen. Bayern kam zur Wittelsbacherlinie Pfalz-Zweibrücken.

Karl Theodor starb also einsam und inmitten einer Umgebung, die ihn ablehnte. Sein Tod wurde von seiner Gattin Maria Leopoldine mit Erleichterung aufgenommen, seine Untertanen sollen sogar gejubelt haben.

In München ist ein Platz nach ihm benannt, der Karlsplatz. Jeder kennt ihn als „Stachus", kaum jemand unter seinem offiziellen Namen. „Die alten Münchner weigerten sich, Karlsplatz zu sagen, sie kannten die Geschichte von Karl Theodor noch", sagt Carola Kühberger. „Inzwischen wissen viele nicht mehr, dass der Stachus eigentlich Karlsplatz heißt." Wenn Karl Theodor den Magistrat also auch einst gezwungen haben mag, ihm vor seinem Bildnis Abbitte zu leisten: Am Ende haben die Münchner mit ihrer stummen, jahrhundertelangen Abwehr doch gesiegt. Und Karl Theodor tut einem am Ende schon irgendwie ein bisschen leid. Trotz allem.

Eva-Maria Bast

....

So geht's zur Stadtmauer:

Die Stadtmauerreste befinden sich in der Jungfernturmstraße.

43

Fenster

Fiffi und Poldi beim Coiffeur

Wer heute zum Müllerschen Volksbad geht, geht ohne Hund. Es sei denn, er geht nicht in das prachtvolle Jugendstilgebäude hinein, sondern daran vorbei, um seinen vierbeinigen Freund an der Isar spazieren zu führen. Bis ins Jahr 1978 hingegen führte der Weg vieler Hundebesitzer zielstrebig ins Bad hinein. „Im Untergeschoss befand sich nämlich ein Hundebad", erzählt Stadtführer Christian Dechant. „Das Bad ist zwar nicht mehr erhalten, aber das Fenster, hinter dem die Behandlungen stattfanden, gibt es noch." Dort arbeitete ein Hundecoiffeur, der die geliebten Vierbeiner badete – oft, während sich die Herrschaft im oberen Bereich dem nassen Element hingab. Nass musste kein Hund das Müllersche Volksbad verlassen, denn den Vierbeinern wurde in Warmluftboxen ihre Fellpracht getrocknet. Herrchen oder Frauchen und der Hund konnten die Badeanstalt also gemeinsam blitzsauber wieder verlassen. Denn genau dafür wurde das nach Plänen von

> *„Im Untergeschoss befand sich ein Hundebad. Das Bad ist zwar nicht mehr erhalten, aber das Fenster, hinter dem die Behandlungen stattfanden, gibt es noch."*

Architekt Carl Hocheder gebaute und 1901 fertiggestellte Schwimmbad errichtet: Der Münchner Ingenieur Karl Müller, nach dem das Bad benannt ist, hatte großzügig gespendet – mit 1,8 Millionen Goldmark galt das Schwimmbad als teuerstes seiner Zeit. Müller hatte seine Spende aber an die Bedingung geknüpft, dass das Bad den ärmeren Münchnern zur Verfügung stehen sollte. „Denn das Baden diente weniger der sportlichen Ertüchtigung als vielmehr der Hygiene", erläutert Christian Dechant. „86 Wannen und 22 Duschen gab es im Müllerschen Volksbad." Doch als im 20. Jahrhundert die Privatbäder in den Haushalten Einzug hielten, wurde dieser Bereich des Bades geschlossen. „Aus nostalgischen Gründen", erklärt der Stadtführer,

Christian Dechant mit seinem Hund Bertl vor dem Müllerschen Volksbad. Baden kann er den Vierbeiner hier allerdings nicht mehr.

Hinter den zur Isar hin gelegenen Fenstern im Erdgeschoss des Volksbades befand sich einst das Hundebad.

„hat man aber eine Wanne behalten." Schwimmbecken gab es jedoch auch: Eines für Frauen, eines für Männer. Bis 1989 (!) badete man im Volksbad getrennt: Die Herren durften im größeren Becken unter dem Tonnengewölbe ihre Bahnen ziehen, die Damen mussten mit dem kleineren Schwimmbad vorlieb nehmen. Badediener achteten streng darauf, dass nicht etwa eine Dame sich ins Herrenbecken verirrte – oder umgekehrt.

Heute teilen die Geschlechter sich freilich beide Becken – übrigens: Das einstige Damenbecken ist deutlich wärmer!

In den Jahren 1972 bis 1999 fand eine gründliche Modernisierung statt, wobei darauf geachtet wurde, dass der alte Charme des Jugendstilbaus nicht verlorenging. „Die Holzumkleidekabinen von damals sind noch erhalten", erzählt Christian Dechant. Im Müllerschen Volksbad kann man sich heute wie damals prima entspannen. Inzwischen gilt das allerdings nur noch für Zweibeiner.

Eva-Maria Bast

So geht's zum Fenster:

Das Fenster, hinter dem die Hunde gebadet wurden, ist heute noch erhalten. Man kann es entdecken, wenn man an der zur Isar hin gelegenen Seite des Volksbades entlanggeht. Das Volksbad liegt in der Au zwischen Isar und Auer Mühlbach in der Rosenheimer Straße 1.

Vor allem im Sommer ist der Torbogen nur schwer unter den Blättern zu erkennen.

44

Torbogen
Was vom Biedersteiner Schloss übrig blieb

I m Sommer kann es schon passieren, dass man dieses aus handgearbeiteten Backsteinen gebaute Stück Geschichte einfach übersieht. Dann wuchern die Büsche zu beiden Seiten so hoch, dass von dem Torbogen kaum etwas auszumachen ist. „Daran liegt es auch, dass viele diese ehemalige Einfahrt noch nie bewusst wahrgenommen haben, obwohl sie oft hier vorbeikommen", sagt der Schwabinger Architekt Werner Lederer-Piloty. Der Vorsitzende des Bezirksausschusses 12 jedoch weiß, welche Geschichte mit dem Tor zusammenhängt, das heute scheinbar ohne Bedeutung am Rande einer kleinen Grünfläche steht: „Nördlich des Kleinhesseloher Sees stand früher einmal das Schloss Biederstein. Und das hier ist einer der letzten Reste der dazugehörigen Parkanlage."

Kurfürst Max IV. Joseph (1756–1825), der später als erster bayerischer König Max I. Joseph in die Geschichte eingehen sollte, kaufte das Gelände samt dem „Landschlösschen Biederstein" für 18.000 Gulden. Wie es sich für einen guten Ehemann gehört, dachte er dabei nicht an sich selbst, sondern an seine zweite Gattin, Caroline Friederike Wilhelmine von Baden (1776–1841), der er es am 30. Januar 1804 als Landsitz schenkte. Die neue Herrin machte sich sogleich ans Werk und ließ die bestehenden Parkanlagen vom Landschaftsgärtner Friedrich Ludwig von Sckell (1750–1823) umgestalten. Dieser hatte sich zu jenem Zeitpunkt bereits einen hervorragenden Ruf erarbeitet: Er hatte den Englischen Garten grundlegend geprägt und war für die Umgestaltung im Nymphenburger Park zuständig gewesen. Somit gab Caroline ihren Garten in die Hände des besten und erfahrensten Gartenarchitekten, den es zu jener Zeit in der Isarstadt gab.

Werner Lederer-Piloty steht an dem Torbogen, durch den einst Fußgänger den Park des Schlosses Biederstein betreten konnten.

Sckell scheint gute Arbeit geleistet zu haben. Jedenfalls kehrte Caroline nach Schloss Biederstein zurück, nachdem ihr Gatte 1825 gestorben war. Zwar verließ sie Nymphenburg nur schweren Herzens, doch richtete sie sich in den darauf folgenden Jahren in Schwabing so ein, dass es sich auch dort gut aushalten ließ. Die verwitwete Königin ließ zunächst das Alte Schloss um seitliche Bauten erweitern und veranlasste dann den Bau eines weiteren Schlosses, das als Gegenstück des Alten als Neues

Schloss betitelt wurde. Auch hier wandte sie sich – wie beim Park – an einen der besten seiner Zunft: Kein geringerer als der Hofarchitekt ihres verstorbenen Gatten, Leo von Klenze (1784–1864), kümmerte sich um die Pläne und um die Ausgestaltung. Das im klassizistischen Stil errichtete Gebäude entwickelte sich zur Sommerresidenz der Wittelsbacher – nicht nur Caroline fühlte sich hier wohl.

„Es ist wirklich schade, dass von den Gebäuden heute nichts mehr zu sehen ist", bedauert Werner Lederer-Piloty. Obwohl die Schlösser und der Park, der sie umgab, mit so viel Aufwand und Liebe zum Detail gestaltet wurden, sind sie vollständig verschwunden. Caroline vererbte Biederstein an ihre Tochter Ludowike (1808–1892), die allerdings nicht mit derselben Aufmerksamkeit und Wertschätzung mit dem Besitz umging wie ihre Mutter. Sowohl mit dem Park als auch mit den Gebäuden ging es bergab. 1924 versteigerten ihre Nachkommen das Erbe. 1934 wurde das Neue Schloss abgebrochen, das Alte Schloss über-

„Nördlich des Kleinhesseloher Sees stand früher einmal das Schloss Biederstein. Und das hier ist einer der letzten Reste der dazugehörigen Parkanlage."

stand die Luftangriffe im Zweiten Weltkrieg nicht. Pläne für einen Wiederaufbau gab es nie. Der Zerstörungswut der Menschen und der Waffen haben lediglich zwei steinerne klassizistische Torpfeiler mit schmiedeeisernen Torflügeln sowie der gemauerte Torbogen standgehalten. Auf dem Gelände befindet sich seit den 1950er-Jahren mit dem „Biederstein" jedoch eines der schönsten Studentenwohnheime der Stadt, das inzwischen unter Denkmalschutz steht. Von Kurfürsten und Ex-Königinnen hin zu den Studenten war es ein weiter Weg. Für letztere hat sich diese Entwicklung auf jeden Fall gelohnt.

Heike Thissen

....

So geht's zum Torbogen:

Der Torbogen des ehemaligen Biedersteiner Schlosses steht an der Ecke Mannlich-/Biedersteinerstraße hinter dem Flurkreuz.

45

Wallanlagen

Bollwerk gegen Angreifer

Üppiges Grün, verschlungene Wege und eine Hügelland-
schaft mitten in der Stadt: Die kleine Oase namens Finanzgarten in unmittelbarer Nachbarschaft des Hofgartens galt
unter Münchnern lange als Geheimtipp. Doch im Jahr 2011
geriet die von den Einheimischen bislang weitgehend ignorierte Grünfläche in den Mittelpunkt der Aufmerksamkeit. Als möglicher Standort für einen neuen Konzertsaal war sie für vier Jahre in aller Munde,
bevor sie ab Februar 2015 wieder in
Vergessenheit geraten durfte. Dr.
Uwe Gerd Schatz von der Bayerischen Verwaltung der staatlichen
Schlösser, Gärten und Seen kann
das nur schwer nachvollziehen.
„Auf dem Gelände befinden sich
die letzten Reste der Wallanlagen

> *„Auf dem Gelände befinden
> sich die letzten Reste der Wall-
> anlagen aus dem Dreißigjährigen
> Krieg. Die hätten eigentlich
> mehr Aufmerksamkeit verdient."*

aus dem Dreißigjährigen Krieg. Die hätten eigentlich mehr Aufmerksamkeit verdient", sagt er. Doch die meisten Besucher können die
langgestreckten Hügel auf der rund zwei Hektar großen Fläche einfach
nicht richtig interpretieren – denn wie nützliche Verteidigungsanla-
gen sehen sie schon lange nicht mehr aus.

„Die bereits bestehenden Stadtmauern hielten im 17. Jahrhundert den Feuerwaffen nicht mehr stand. Deshalb beschloss Herzog
Maximilian I. schon früh, die Befestigung für seine Hauptstadt zu
erweitern und zu modernisieren", erklärt der geborene Münchner.
Im selben Jahr, als der Dreißigjährige Krieg (1618–1648) ausbrach,
gab der Herrscher den Auftrag für die schwierigen, teuren und zeit-
raubenden Arbeiten für den dritten Mauerring. Gegen die Schweden
konnte das Bollwerk im heutigen Finanzgarten zunächst wenig aus-
richten: Am 17. Mai 1632 zog König Gustav II. Adolf (1594–1632) in
die noch offene Stadt ein, einige Jahre bevor die gigantische Festungs-

anlage fertiggestellt war (siehe Geheimnis 2). Sie wurde nach Abzug der Schweden dennoch vollendet, war aber gegen Schluss des Krieges militärtechnisch überholt.

„Das Bollwerk war als so genannte Barbakane errichtet und stand vor der eigentlichen Stadtmauer, um deren Tore zu schützen", sagt Schatz. „Dass wir die Reste der Bastion heute noch sehen können, liegt daran, dass man das Gelände nie überbaut hat." Als es nicht mehr zum Schutz der Innenstadt gebraucht wurde, durfte das Theatinerkloster ab 1650 hier seinen Garten anlegen. Egal, wie seine Besitzer den heutigen Finanzgarten in den kommenden Jahrzehnten und Jahrhunderten nutzten: Der Öffentlichkeit wurde er vorenthalten und durch einen Zaun von der Außenwelt abgeriegelt. Das galt sowohl für die Zeit, als das Gelände dem Abbé von Salabert (1734–1807) gehörte, als auch für die Jahre, als König Max I. Joseph (1756–1825) oder seine Nachfolger Herren über den Garten waren. Doch keiner von ihnen plante eine nennenswerte Bebauung – zum Glück für die Wallanlagen.

„Einige Jahre lang wurden der Garten und das benachbarte Prinz-Carl-Palais dann vom Finanzminister genutzt. Das hat der Grünfläche ihren Namen eingebracht", sagt Schatz. Finanzgarten hieß sie auch, als die amerikanische Militärregierung sie nach dem Zweiten Weltkrieg übernahm und im westlichen Teil einen Parkplatz samt Tankstelle errichtete. Autos parken dort noch immer, aber die Zeiten, in denen man dort tanken konnte, sind vorbei. Erst seit 1984 ist es den Münchnern erlaubt, das ganze Gelände rund um die ehemalige Bastion als öffentliche Grünanlage zu nutzen. 30 Jahre später hätte sich das mit den Plänen für den Konzertsaal beinahe geändert. Aber eben nur beinahe.

Heike Thissen

So geht's zu den Wallanlagen:

Der Finanzgarten liegt zwischen Von-der-Tann-Straße und der kleinen Galeriestraße. Die künstlichen Wallanlagen aus dem Dreißigjährigen Krieg erstrecken sich über das ganze Gelände.

Franz Schröther ist einer der wenigen, die die Geschichte des verrosteten Masten kennen.

46

Fahnenstange

Ein Mast für ein finsteres Banner

W o die Nymphenburger Straße auf die Landshuter Allee stößt, herrscht tagein, tagaus geschäftiges Treiben. Menschen hasten zur Straßenbahn oder zum Bus, stehen mit ihren Autos im Stau, besuchen die Restaurants oder gehen in den zahlreichen Geschäften ihren Erledigungen nach. Das alles überragt – von all den Menschen völlig unbemerkt – ein völlig verrosteter Fahnenmast vor dem Gebäude in der Nymphenburger

Straße 146. Er steht auf einem Betonsockel und fällt nicht weiter auf, denn eine Fahne trägt er schon lange nicht mehr. Wozu er dann noch dort steht? „Das frage ich mich auch", sagt Franz Schröther von der Geschichtswerkstatt Neuhausen und fährt fort: „Diesen Fahnenmast haben die Nationalsozialisten aufgestellt, um daran eine riesige Haken-kreuzfahne aufzuhängen. Auf der Spitze des Fahnenmastes befand sich bis 1945 ein eiserner Adler mit dem Hakenkreuz. Soweit ich weiß, hat dort seit Kriegsende keine andere Fahne gehangen."

Der Fahnenmast in der Nymphenburger Straße war einer von vielen, die über die ganze Stadt verteilt standen. Adolf Hitler (1889–1945) hatte früh die Bedeutung einer eigenen Fahne erkannt. Schon in den Anfangsjahren war sie ein wesentlicher Bestandteil der Sym-bolpropaganda, die er mit seinen Gefolgsleuten im Laufe der Jahre immer weiter ausbaute. Hitler sprach von einem „suggestiven Zauber", den Symbole zu verbreiten im Stande seien: Sie vermittelten Botschaf-ten, riefen Emotionen hervor, förderten die Integration und stifteten Identität. Also entwarf er bereits 1920, in

„Soweit ich weiß, hat dort seit Kriegsende keine andere Fahne gehangen."

dem Jahr, als die NSDAP aus der DAP her-vorging, die Hakenkreuzfahne, die anschlie-ßend zur Parteifahne der Nationalsozialis-ten wurde und nach der so genannten „Machtergreifung" 1933 in Deutschland überall zu sehen war. Erst recht in München: Die Stadt war Ausgangspunkt von Hitlers national-sozialistischer Bewegung, weil einflussreiche Münchner ihn und andere Parteiführer in ihrer politischen Laufbahn unterstützt hatten. Die Zahl der Flaggen stieg nach 1933 in der „Hauptstadt der Bewe-gung" vor allem dann sprunghaft an, wenn – wie des Öfteren – kulti-sche Feiern und Festzüge abgehalten wurden. Doch unter all den Tau-senden von Fahnen war eine, die einen Sonderstatus hatte: die „Blutfahne" der NSDAP.

Als die Weimarer Republik 1923 ein Krisenjahr erlebte, wollte Hitler als Parteiführer der NSDAP durch einen bewaffneten Putsch am 8. und 9. November die Regierung in Berlin stürzen und selbst die Macht ergreifen. Er versammelte am zweiten Tag seine Anhänger zum Marsch auf die Münchner Feldherrnhalle, doch wurden die Putschis-ten von der wachsamen Bayerischen Landespolizei gestoppt. In dem folgenden Schusswechsel starben 13 Anhänger Hitlers, vier Polizisten und ein an dem Geschehen unbeteiligter Mann (siehe Geheimnis 39). Und dann schlug die Stunde des Heinrich Wilhelm Trambauer (gest. 1942). Denn dieser hatte an jenem Tag die Fahne der 6. SA-Kompanie getragen und sich mit ihr auf den Boden geworfen, als die Schießerei begann. Während er dort lag und auf einen günstigen Moment zur Flucht wartete, sog die Fahne das Blut von drei seiner tödlich getroffenen Kameraden auf. Als Trambauer schließlich losrannte, trug er die Fahne mit. Auf dem Heimweg nahm er sie von Spitze und Stange und versteckte sie so unter seiner Kleidung, dass er unbehelligt nach Hause gelangen konnte. Hätte man ihn in jenen Tagen mit einer Hakenkreuzfahne erwischt – er wäre verhaftet worden. Monatelang bewahrte er die blutbefleckte Fahne bei sich auf, bevor er sie dem Hauptfeldwebel seiner Kompanie überreichte, der sie wiederum 1924 an Hitler übergab. Dieser war gerade vorzeitig aus der Haft entlassen worden. Von da an galt das Banner als „Blutfahne", weil sie – nach Vorstellung der Nationalsozialisten – durch das Blut der getöteten Putschisten zu etwas ganz Besonderem geworden war. Ab 1926 wurden Fahnen und Standarten der Parteiorganisationen vor ihrem ersten Gebrauch durch Berührung mit dieser Fahne „geweiht". Doch die Auswirkungen dieser quasi-religiösen Handlung sollten die Münchner – und nicht nur sie – im von Hitler entfesselten Zweiten Weltkrieg mit einem bitteren Blutzoll bezahlen müssen.

Weithin sichtbar und doch unbeachtet: die Fahnenstange, an der Nationalsozialisten einst eine große Hakenkreuzfahne aufhängten.

Heike Thissen

So geht's zur Fahnenstange:

Der verrostete Fahnenmast steht vor dem Gebäude in der Nymphenburger Straße 146 im Vorgarten. Er ist von der Straße aus gut zu sehen.

Am Kirchturm St. Peter befinden sich an jeder Seite zwei Uhren.

47 *Uhr*

Die Viertelstunde als Dreingabe

W er hat, der hat. Und wer es sich leisten kann, kann auch an jedem Handgelenk eine Uhr tragen. Schräges Beispiel? Vielleicht. Aber ganz bewusst gewählt. Schließlich hängen am Turm der Kirche St. Peter in München acht Uhren. Zwei für jede Himmelsrichtung. Und das ist ja nun wirklich Luxus. Aber München gilt schließlich als sehr wohlhabende Stadt. Ob es daran liegt? Hält man's mit Karl Valentin, dann hat das schlicht und einfach diesen Grund: „Ja mei, damit acht Leute gleichzeitig auf die Uhr schauen können", soll der Komiker einst erklärt haben.

Im Stadtarchiv, bei Dr. Michael Stephan, findet sich dann noch eine andere Begründung – und die hat weniger etwas mit Wohlstand als vielmehr mit technischem Fortschritt zu tun: „1378 findet sich in den Rechnungsbüchern eine Zahlung für die Herstellung der ersten Uhr", erzählt der Stadtarchivar. Für das Jahr 1409 sind zwei Ziffernblätter nachgewiesen, zwischen 1409 und 1497 wurde eine dritte Uhr montiert. Genaueres weiß man nicht, da nur das zweite Ziffernblatt von 1409 und das vierte von 1497 belegt sind. Irgendwann dazwischen muss also das dritte Ziffernblatt angebracht worden sein. Von 1497 heißt es jedenfalls, dass „die viert Uhr ganz neu gemacht" worden sei. „Vier Ziffernblätter mit jeweils einem Zeiger, denn die Uhren zeigten damals nur die Stunde an", sagt Stephan. Und wo bleiben die restlichen vier? „Die

„Vier Ziffernblätter mit jeweils einem Zeiger, denn die Uhren zeigten damals nur die Stunde an."

kamen 1621 – an jeder Seite des Turms wurde nun noch ein zusätzliches Ziffernblatt für die Anzeige der Viertelstunden angebracht", erklärt Michael Stephan.

Nun hatte der Turm von St. Peter also an jeder Seite zwei Uhren. Eine für die Viertel- und eine für die volle Stunde. 1721 wurde das Uhrwerk erneuert, in diesem Zuge baute man die Uhren auch auf das neuartige Zweizeiger-System um – es war Ende des 17. Jahrhunderts eingeführt worden. Die beiden Ziffernblätter je Seite wurden aber beibehalten. „St. Peter mit seinem prominenten, leicht erhobenen und von überall gut sichtbaren Platz war wohl die erste Kirche mit diesem neuen System in der Stadt", sagt der Stadtarchivar.

Karl Valentin hat trotzdem recht behalten: Ohne Frage können so acht Münchner gleichzeitig auf dem Kirchturm vom Alten Peter die Uhrzeit ablesen. Und natürlich auch noch ein paar mehr.

Eva-Maria Bast

....

So geht's zur Uhr:

Der Alte Peter steht mitten in der Stadt, zwischen Marienplatz und Viktualienmarkt. Den Kirchturm kann man von vielen Stellen aus sehen.

Auch Christopher Weidner glaubt fest daran:
Die Löwen zu streicheln bringt Glück. Er weiß aber, dass man
allen vieren eine Streicheleinheit geben muss.

48 Löwen

Berühren bringt Glück – aber warum?

„Du musst die Löwen reiben. Das bringt Glück." Hält man sich eine Weile vor der Residenz auf, hört man diesen Satz immer wieder. Münchner führen ihre Gäste hierher und lassen sie über eine der vier Löwen-Masken streichen. Und auch die Münchner selbst berühren im Vorübergehen fast schon automatisch die bronzenen Tiere: Eine alte Frau nimmt ihren Stock in die andere Hand, um den Löwen streicheln zu können. Ein Vater hebt seine kleine Tochter hoch, damit sie besser an den Löwenkopf heranreicht, der von den vielen Berührungen schon ganz blankpoliert ist. Fragt man die Vorübereilenden jedoch, warum es Glück bringt, die Maskarons zu reiben, erntet man meist nur Achselzucken. Stadtführer Christopher Weidner weiß die Antwort – und er sagt auch, dass die meisten Münchner falsch – oder besser: unvollständig – reiben. „Um die volle Portion Glück zu bekommen, muss man alle vier Maskarons streicheln, aber die allermeisten reiben nur einen", sagt er. Warum alle vier? „Jeder hat eine andere Bedeutung", erklärt Weidner, der es liebt, in der Stadt auf Spurensuche zu gehen und das Unbekannte hinter bekannten Geschichten zu erforschen. Diese Bedeutung erschließe sich, wenn man zum einen die Schilde betrachtet, die die großen grünen Löwen tragen, und wenn man zum anderen den Blick zu den Figuren hebt, die über den Eingängen zur Residenz thronen. Bei diesen Figuren handelt es sich um die vier Kardinaltugenden. Ganz rechts sitzt Temperantia, also die Mäßigkeit, dann kommt Fortitudo, die Stärke, gefolgt von Justitia, der Gerechtigkeit, und Prudentia, der Klugheit. Die Symbole dieser Tugenden finden sich auf den Kartuschenschilden wieder, die den Löwen als Attribute beigegeben sind. Ganz rechts die Uhr: „Wenn ich hier reibe, hole ich mir nicht einfach nur Glück, sondern ich hole mir die Mäßigkeit – es geht darum, im richtigen Moment das Richtige zu tun", erklärt der Stadtführer und fügt schmunzelnd hinzu: „Das tut zur Wiesn-Zeit ganz gut, wenn man gerne mal eine Maß zu viel trinkt." Der nächste Löwe steht in Bezug zu Fortitudo, zur Stärke. „Die holt man sich, wenn man den Schild reibt, auf dem der Felsen abgebildet ist, der eben wie ein Fels in der Brandung steht." Als nächstes dann die Sonne, die die Justitia als Brustschild trägt und die auf dem Schild des dritten Löwen abgebildet ist. „Die Sonne steht für Gerechtigkeit, denn die Sonne bringt alles an den Tag, die Sonne sieht alles." Der letzte Löwe trägt ein Schiff mit einem Stern, die zugehörige Figur ist die Prudentia, die Klugheit. „Es heißt, wenn ich klug bin, muss ich, wie ein Schiff, in der Lage sein, von einem Ort zum anderen zu kommen", erklärt der Stadtführer. Und dafür müsse man, wieder wie ein Schiff,

> *„Um die volle Portion Glück zu bekommen, muss man alle vier Maskarons streicheln, aber die allermeisten reiben nur einen."*

manchmal Umwege in Kauf nehmen. „Der Kluge beherrscht die Kunst, kann durch die Wellen navigieren, gegen den Wind kreuzen, sein Lebensschiff mit Hilfe eines Kompasses lenken und dem eigenen Stern folgen."

Das ist also die Erklärung dafür, warum man alle vier Löwen reiben sollte, um die ganze Portion Glück zu bekommen. Doch woher kommt überhaupt der Glaube, dass das Reiben der Löwennasen Glück bringt? „Historisch gesehen ist es ein uralter heidnischer Brauch, das findet man schon im alten Ägypten, dass gerade Bronze gerne gerieben wird", erklärt Christopher Weidner. „Man sagt: Wenn ich es berühre, dann geht die Kraft auf mich über."

In Bezug auf die Münchner Löwen gibt es hierzu aber noch eine andere Geschichte. Und die spielt im 19. Jahrhundert, in der Regierungszeit von Ludwig I. (1786–1868). Dieser hatte eine Mätresse, Lola Montez (1821–1861), die sehr prätentiös war und der Ludwig, wie Christopher Weidner sagt, „unfassbar viele Rechte eingeräumt" hat. Das habe den Münchnern „überhaupt nicht gepasst. Und es gab eben auch konservative Studentengruppen, die dagegen waren, und deshalb hat ein Student eines Nachts einen Schmähbrief gegen Lola Montez an die Pforte der Residenz gehängt." Der König sei darüber sehr aufgebracht gewesen und habe eine Belohnung für denjenigen ausgesetzt, der die Täter fasst. „Er ging offensichtlich davon aus, dass das eine Tat sei, die mehrere Männer zusammen begangen haben. Das hatte zur Folge, dass der Student, der das ja ganz alleine gemacht hatte, sich in seiner Ehre

Die vier grünen Bronzelöwen tragen jeweils einen Kartuschen-Schild mit einem kleinen Löwen in der unteren Mitte.

172

gekränkt fühlte." Deshalb, erzählt Weidner, habe er einen weiteren Brief verfasst, in dem gestanden habe: „Es waren derer vier, ich, die Tinte, die Feder, das Papier." Als er den Brief aber aufhängen wollte, wurde er erwischt und vor den König gebracht. „Der Student hatte fürchterliche Angst vor der Strafe, die ihn erwartete, und Ludwig I. war auch wirklich sehr verärgert, aber als er das Gedicht las, fand er es so originell, dass er ihn begnadigte und sogar die Belohnung, die auf ihn ausgesetzt war, ihm zukommen ließ."

Und wo bleiben die Löwen? Die kamen ins Spiel, als der Student die Residenz verließ: „Es heißt, der Besuch beim König habe ihn so aufgeregt, dass ihm, als die Audienz beendet war, die Beine schwach wurden und er sich mit letzter Kraft an einem der Löwen festhielt und stammelte: ‚Was für ein Glück habe ich gehabt'", erzählt der Stadtführer.

Die vier Löwen waren übrigens gar nicht für die Residenz angefertigt worden. „Maximilian I. hat sie im 17. Jahrhundert hier aufgestellt, ursprünglich waren sie für das Grabmal von seinem Vater, Wilhelm V., in der Michaelskirche bestimmt", sagt Weidner. Wilhelm V. (1548–1626) hatte das Grab für sich und seine Gattin geplant, auf dem neben den Löwen auch noch zahlreiche andere Figuren hätten stehen sollen. „Doch Wilhelm V. ging pleite und musste dann die Regierungsgeschäfte an seinen Sohn abgeben. Für das Grabmal reichte das Geld am Ende nicht." Sein Sohn hingegen, Maximilian I. (1573–1651), sei in finanziellen Dingen genau das Gegenteil seines Vaters gewesen und habe die bereits vorhandenen Kunstwerke gewissermaßen weiterverwendet. So landeten die Löwen vor der Residenz, wo sie ausgesprochen gut stehen. Statt ein verstorbenes Königspaar zu bewachen, bringen sie nun seit Jahrhunderten den Menschen Glück. Und das ist doch auch eine schöne Bestimmung. Oder?

Eva-Maria Bast

So geht's zu den Löwen:

Die vier Löwen stehen vor der Residenz in der Residenzstraße.

49

Mannhardt-Grabmal

Besser töten mit dem Fallbeil

W as hat ein unscheinbares Kreuz auf dem Alten Südfriedhof mit der Hinrichtung der Geschwister Scholl am 22. Februar 1943 in München-Stadelheim zu tun? Eine ganze Menge! Doch um vom einen zum anderen zu kommen, muss Friedhofsführer Florian Scheungraber weit ausholen. „Das Kreuz an der Friedhofsmauer gehört zum Grab des Turmuhrmachers Johann Mannhardt", erklärt er. Mannhardt, 1798 am Tegernsee geboren, sei ein viel beschäftigter und einfallsreicher Mann gewesen. „Die Turmuhren wurden damals noch mit Fett geschmiert, damit sie leicht liefen. Das bedeutete aber natürlich, dass sich die Zeiger der Uhren in der Hitze des Sommers schneller drehten, weil das Fett dann dünnflüssiger war. Im Winter hingegen liefen die Uhren langsamer, weil das Schmiermittel bei niedrigen Temperaturen zäh wurde und bremste."

Ein Dilemma vor allem Ende des 18., Anfang des 19. Jahrhunderts, als die Industrialisierung Fahrt aufnahm und es plötzlich auf die Minute ankam. Arbeiter mussten ja zur rechten Zeit am Arbeitsplatz erscheinen, Tore pünktlich geöffnet und geschlossen werden und Abfahrtszeiten der Transportmittel eingehalten werden. „Mannhardt erfand kurzerhand eine Uhr, die ohne Schmiermittel auskam", erklärt Scheungraber den besonderen Verdienst des Münchner Turmuhrmachers. Noch heute gibt es in der Landeshauptstadt und in ganz Bayern etliche Uhren, die auf Mannhardt zurückgehen. Auch für die Frauenkirche fertigte er 1842 eine Turmuhr, die sich inzwischen allerdings im Deutschen Museum befindet.

Dann kam der 12. Mai 1854. An jenem Freitag sollte der Scharfrichter Matthias Schellerer in München den 19 Jahre alten Sattlergesellen Christian Hußendörfer wegen Mordes öffentlich hinrichten. Doch der Henker, der schon 72 Todesurteile erfolgreich vollstreckt hatte, brauchte sieben Hiebe, um den Delinquenten zu töten.

König Maximilian II. (1811–1864) habe daraufhin veranlasst, dass solche Hinrichtungen künftig nicht mehr stattfinden sollten, erzählt der Friedhofsexperte. „München sollte also dringend ein Fallbeil bekommen, um die Verurteilten zuverlässiger und weniger grausam töten zu können." Und ausgerechnet der akribische Turmuhrmacher und Tüftler Johann Mannhardt bekam den Auftrag, dieses Gerät zu entwerfen und zu bauen. 1500 Gulden stellte er der Stadt in Rechnung für sein „Mannhardt-Fallbeil", das zum überwiegenden Anteil aus Eisen bestand. Schon kurz darauf war es im Einsatz – bis zum 9. November 1861 öffentlich, dann unter Ausschluss der Öffentlichkeit. Und ab April 1895 schließlich in Stadelheim, wo sich am 22. Februar 1943 auch die Mitglieder der studentischen Widerstandsgruppe Weiße Rose, Sophie (1921–1943) und Hans Scholl (1918–1943) und Christoph Probst (1919–1943), vor die grausame Apparatur knien mussten und enthauptet wurden.

Vier Tage zuvor hatten Sophie und ihr Bruder das sechste Flugblatt der Weißen Rose in Hörsälen der Münchner Universität verteilt und waren dabei vom Hausmeister beobachtet worden. Er denunzierte sie bei der Gestapo, die zeitnah zuschlug. Dann ging alles ganz schnell: Nach dreitägigem Verhör folgte der Prozess vor dem Volksgerichtshof im Justizpalast am Stachus. Noch am selben Tag wurden die drei Angeklagten zum Tod verurteilt und mit dem Mannhardt-Fallbeil hingerichtet.

„Es war bekannt, dass mit diesem Gerät unter dem Naziregime mehr als 1000 Menschen hingerichtet wurden", sagt Florian Scheungraber. „Aber dass auch die Geschwister Scholl dazu gehörten, das wissen wir erst seit Kurzem." Ob die Mitglieder der Weißen Rose überlebt hätten, wenn Mannhardt München nicht sein Fallbeil beschert hätte? Mit Sicherheit nicht. Jemand anders hätte sich ein ähnlich effektives Tötungswerkzeug ausgedacht.

Heike Thissen

....
So geht's zum Mannhardt-Grabmal:

Das Grabmal des Uhrenmachers und Guillotine-Erbauers Johann Mannhardt steht auf dem Alten Münchner Südfriedhof an der Thalkirchner Straße. Es ist leicht zu finden, wenn man von der Kapelle an der rechten Seite der Friedhofsmauer bis zum Gräberfeld 10 geht. Dort steht es gleich zu Beginn auf der rechten Seite.

Thea Christians betrachtet das Signum Asyli.

50

Signum Asyli
Sicherer Ort für Schutzsuchende

Ein Kreuz, dessen unterer Längsbalken in einem Dreieck mündet: Kaum jemand schenkt diesem Zeichen an der Außenseite der Frauenkirche einen Blick. Dabei war es für Schutzsuchende im Mittelalter von allergrößter Bedeutung! „Das ist das Signum Asyli und das besagte, dass diese Kirche Asyl gewähren konnte", erzählt Geografin Thea Christians. Im Mittelalter hätten allerdings nicht nur Kirchen, sondern auch hochgestellte oder

„edle" Damen, wie Thea Christians sie nennt, Asyl, also Schutz, gewähren können. „Sie konnten unter ihrem Mantel Menschen schützen." Und zwar nicht nur sinnbildlich gesprochen: „Wenn sie ihren Mantel über die Schutzsuchenden breiteten, konnten diese nicht behelligt werden." Auch Adoptionen konnten auf diese Art angezeigt werden.

Und da, sagt die Stadtführerin, gebe es einen Zusammenhang zwischen dem Signum Asyli und einem Gemälde im Inneren der Kirche – genauer: in der Chorscheitelkapelle, die direkt hinter dem Altar liegt. Dieses Gemälde zeigt eine Schutzmantelmadonna aus der Schule von Jan Polack (geb. zwischen 1435 und 1450, gest.1519). „Auf dem Bild kann man das genau sehen", sagt Thea Christians. „Die Gottesmutter Maria breitet ihren Mantel aus und darunter sind die geistlichen und weltlichen Stände und die Stifter des Bildes abgebildet."

Dieses Zeichen bedeutete im Mittelalter: Hier werden Schutzsuchende aufgenommen.

Darstellungen der Schutzmantelmadonna, die Gläubige unter ihrem Mantel birgt, gibt es seit dem 13. Jahrhundert. Im Spätmittelalter war das Motiv vor allem bei den Zisterziensern und den Dominikanern beliebt.

Die Geschichte des Kirchenasyls geht zurück bis ins antike Griechenland. Über die Jahrhunderte weitete sich das Asylrecht immer mehr aus, zum Beispiel beschlossen die Bischöfe Mitte des 4. Jahrhunderts auf dem Konzil von Serdika die Interzessionsverpflichtung, also eine Art Bürgschaft, mit der sie für Verfolgte und Verurteilte eintraten. Auch der weströmische Kaiser Flavius Honorius (384–423) erteilte den Kirchen 405 Asylrecht und erweiterte es im Jahr 419 auf 50 Schritte vom Eingang der Gotteshäuser entfernt. Wer sich innerhalb dieses Radius aufhielt, war geschützt. Oft gab es Schwierigkeiten, etwa durch den Staat, der es gar nicht gern sah, dass ihm Verfolgte oder auch zu Recht Verurteilte durch die Kirchen entzogen wurden. Doch es gelang den Gotteshäusern, auf ihrem Asylrecht zu bestehen.

In Freising gab es eine ganz besondere Form des Asylrechts: Ab dem 16. Jahrhundert, vielleicht auch schon früher, galt der Schutzbereich für die ganze Stadt. Wem es gelang, auf Freisinger Stadtgebiet zu fliehen, der konnte unbefristetes Asylrecht beanspruchen. Das war allerdings nicht unumstritten, zumal dadurch auch Delinquenten, die sich wirklich einer schlimmen Straftat schuldig gemacht hatten, hier unbehelligt leben konnten. Deswegen wurde das Freisinger Asylrecht dann auch weiter eingeschränkt. Ab 1732 konnte die Ersttat bestraft werden, wenn der Täter sich erneut etwas zuschulden kommen ließ. Während des Österreichischen Erbfolgekriegs (1740–1748) wurden die bayerischen Deserteure an das Kurfürstentum Bayern ausgeliefert, allerdings nur unter der Bedingung, dass „keine Leib- oder Lebensstrafen" an ihnen verübt werden. Bis 1747 bestand das generelle Freisinger Asylrecht mehr oder weniger fort, dann wurde es auf einige sakrale Bereiche begrenzt.

„Das ist das Signum Asyli und das besagte, dass diese Kirche Asyl gewähren konnte."

Im Codex Iuris Canonici, dem Gesetzbuch der Katholischen Kirche, ist das Asylrecht heute nicht mehr aufgeführt. Dennoch wird es von der Kirche verteidigt. Gerade als letzte Rettung in humanitären Katastrophenfällen.

Nur die Sache mit dem Schutzmantel – die gilt nicht mehr. Schade eigentlich. Wie schön wäre es, wenn es Menschen gäbe, die einen persönlichen Schutzraum um sich haben und so Verfolgten allein schon durch ihre Nähe Sicherheit bieten können.

Eva-Maria Bast

So geht's zum Signum Asyli:

Das Kirchenasyl-Zeichen befindet sich auf der Nordwestseite der Frauenkirche links neben dem Eingang.

179

Literatur, Quellen und Fotos

Alckens, August:
Herzog Christoph der Starke von Bayern-
München. Mainburg 1975.

Aus dem Pfarrarchiv von St. Peter
in München. Heft 11. St. Peter. Kunst und
Frömmigkeit.

Baer, Wolfram:
„Laminit." In: Augsburger Stadtlexikon.
URL: www.stadtlexikon-augsburg.de.
Stand: 17.3.2015.

Bauer, Richard:
Geschichte Münchens: vom Mittelalter bis zur
Gegenwart. München 2005, S. 67, S. 71 f.

Bäumler, Klaus:
„Der Park des Grafen Montgelas."
In: Verein für Stadtteilkultur im Münchner
Nordosten: Nordostmagazin. 11. Jahrgang.
München 2015, S. 26–31.

Bayerische Schlösserverwaltung:
Joseph von Baader (30.9.1763–20.11.1835) –
200 Jahre Fontänen im Schlosspark Nymphenburg. Prospekt. München o.A.

Bayerische Verwaltung der staatlichen
Schlösser, Gärten und Seen:
Hofgarten. URL: www.residenz-muenchen.
de/deutsch/hofgart/index.htm. Stand:
9.5.2015.

Bayerischer Rundfunk:
Geschichte der Eisenbahn. Der Vorreiter –
Joseph Anton von Maffei. URL: www.br.de/
themen/wissen/geschichte-eisenbahn-joseph-
anton-von-maffei100.html. Stand: 24.6.2015.

Bayerischer Rundfunk:
Geschichte der Eisenbahn. Eiserne Kunst-
straße von Joseph von Baader. URL: www.
br.de/themen/wissen/geschichte-eisenbahn-
joseph-von-baader100.html. Stand: 11.7.2015.

Bayerischer Rundfunk:
Joseph Pschorr. Der Vater des Münchner Hell.
URL: www.br.de/themen/bayern/inhalt/
geschichte/bierbrauer-pschorr-helles-100.html.
Stand: 18.7.2015.

Bayerischer Rundfunk:
Sendlinger Mordweihnacht. URL: www.br.de/the-
men/bayern/sendlinger-mordweihnacht-bauern-
aufstand100.html. Stand: 24.6.2015.

Bekh, Wolfgang A.:
Alexander von Maffei – Der bayerische Prinz
Eugen. Pfaffenhofen 1982.

Bistritzki, Otto:
Brunnen in München: Lebendiges Wasser in einer
großen Stadt. München 1991, S. 146.

Brockhaus Geschichte:
Wiesbaden o.A., S. 832 f., 883 f.

Burianek, Irmtraud Eve:
München im Luftkrieg 1942–1945. Bomben auf
die Hauptstadt der Bewegung. München 1994,
S. 2–27.

Bushart, Bruno u. a. (Hrsg.):
Cosmas Damian Asam (1686–1739). Leben und
Werk. Prestel, München 1986.

Chronik der Stadt München. München 2005.

Der große Brockhaus:
„Schutzmantelbild, Schutzmantelmaria". Band 10.
Wiesbaden 1956, S. 520.

Dorfer, Tobias:
Wo die Bohème Bohème sein darf. Münchner
Straßen: Türkenstraße. URL: www.sueddeutsche.
de/muenchen/muenchner-strassen-tuerkenstrasse-
wo-die-bohme-bohme-sein-darf-1.1134552.
Stand: 9.5.2015.

Engelbrecht, Jörg:
„Karl Theodor (1724–1799), Kurfürst von der Pfalz und Bayern." In: Portal Rheinische Geschichte. URL: www.rheinische-geschichte. lvr.de/persoenlichkeiten/K/Seiten/KarlTheodorvonderPfalz.aspx. Stand: 17.3.2015.

Erzbistum München:
Der Staatsmann Maximilian Joseph Graf von Montgelas. Gründer des modernen Bayern. URL: www.erzbistum-muenchen.de/media/ pfarreien/media25492120.PDF. Stand: 18.6.2015.

Fink, Willibald:
„Maffei, Joseph Anton." In: Neue Deutsche Biographie 15. München 1987, S. 645–647.

Fortitudo leonina.
URL: www.bibliothek.uni-augsburg.de/ sondersammlungen/galerien/emblemata/ fortitudo.html. Stand: 5.4.2015.

Freunde der Vorstadt Au (Hrsg.):
„Ehem. Pöppelsche Waisenhaus." In: Freunde der Vorstadt Au: Mitteilungen des Vereins Freunde der Vorstadt Au. Nummer 14. München 1992, S. 14.

Ganz-muenchen.de:
Münchner Geschichte: 12. Mai 1854 – Die letzte öffentliche Hinrichtung mit dem Schwert. URL: www.ganz-muenchen.de/tourist/stadt/historisches/letzte_hinrichtung_ per_schwert.html. Stand: 18.7.2015.

Gerstenberg, Günther:
An Jackl packt am End vom Stiel. Geschichte und Geschichten um Alltag, Arbeit und Arbeiterbewegung in Schwabing 1890–1933. München 2005, S. 115 f.

Gold, Winfried:
Das Zeitalter Max Emanuels und die Türkenkriege in Europa 1683–1687. München 1990.

Görl, Wolfgang:
Reisende aus dem Orient. Erschienen in der Süddeutschen Zeitung vom 6. Februar 2015.

Grau, Bernhard:
Kurt Eisner: 1867–1919. Eine Biografie. München 2001.

Grüner, Karl:
„Aus der Kuppel des Felsendoms wurde der bayerische Zwiebelturm." In: KG-Mediendienste. URL: www.kg-mediendienste.de/ Texte/Zwiebeltuerme.htm. Stand 18.3.2014.

Günther, Siegmund:
„Lamont, Johann von." In: Historische Kommission der Bayerischen Akademie der Wissenschaften (Hrsg.): Allgemeine Deutsche Biographie. Band 17. München 1883, S. 570 ff.

Hacker-Pschorr:
Hacker-Pschorr Historie. URL: www.hackerpschorr.de/de-DE/unsere-marke/hackerpschorr-historie. Stand: 18.7.2015.

Häfner, Reinhold; Soffel, H.:
Johann von Lamont. 1805–1879. Leben und Werk. Festschrift anlässlich seines 200. Geburtstages. München 2006.

Hairapetian, Marc:
Porträt: Lieben Sie Perkins? URL: www.spiegel.de/kultur/kino/portraet-lieben-sie-perkins-a-213536-2.html. Stand: 19.7.2015.

Hammermayer, Ludwig: „Rumford, Sir Benjamin Thompson Graf von." In: Neue Deutsche Biographie 22 (2005), S. 244-246 [Onlinefassung]; URL: http://www.deutsche-biographie.de/ppn118750372.html. Stand: 9.8.2015.

Hartl, Johann:
Schloss und Park Biederstein, München-Schwabing. URL: www.stadtgrenze.de/s/bav/ bied/bied.htm. Stand: 22.7.2015.

Haus der Bayerischen Geschichte:
Das Kurfürstentum Bayern (1623–1806). URL: www.hdbg.de/geschichte-bayerns/de-02-die-geschichte-04.php. Stand: 9.5.2015.

Herderlexikon Literatur. Band 2. Freiburg/ Basel/Wien 1975, S. 54, 64, 81, 90, 117, 161.

Heusler, Andreas; Schmidt, B.; Strnad, M.:
Die Einrichtungen der Israelitischen Kultus-
gemeinde München während der NS-Zeit.
München o.A.

Hirth, Siegfried Julius:
Topografisch-historisches Nachschlage-Büch-
lein für München und Umgegend. München
1903, S. 10.

Historisches Lexikon Bayerns:
Blutfahne der NSDAP. URL: www.histori-
sches-lexikon-bayerns.de/artikel/arti-
kel_44343. Stand: 19.7.2015.

Hofbräuhaus-Podcast:
Ludwig Aidelsburger. Ausgabe 75. URL:
meinwirtshaus.de/2012/06/15/hofbrauhaus-
podcast-075-ludwig-aidelsburger/. Stand:
22.7.2015.

Hofbräuhaus-Podcast:
Maßkrug-Tresore. Ausgabe 128. URL: mein-
wirtshaus.de/2014/10/01/hofbraeuhaus-pod-
cast-128-masskrug-tresore/. Stand: 22.7.2015.

Holzapfl, Julian:
„Bayerische Teilungen." In: Historisches Lexikon Bayerns. URL: www.historisches-lexikon-
bayerns.de/artikel/artikel_45122. Stand:
13.9.2015.

Hölzle, Richard:
„Das Wasser im Georgianum." In: Kurzeitung
Bad Wörishofen. Ausgabe 5. Bad Wörishofen
1970, S. 11 f.

Huber, Brigitte:
Tagebuch der Stadt München. Die offiziellen
Aufzeichnungen der Stadtchronisten 1818–
2000. München 2004, S. 31.

Immler, Gerhard:
„Wittelsbachische Primogeniturordnung
1506." In: Historisches Lexikon Bayerns, URL:
www.historisches-lexikon-bayerns.de/artikel/
artikel_45352. Stand 13.9.2015.

Institut der LMU München für Ethik,
Geschichte und Theorie der Medizin. Franz
Josef Brakl (1854–1935). URL: www.egt.med.
uni-muenchen.de/ueber_uns/geschichte/
index.html. Stand: 21.6.2015.

Junkelmann, Markus: „Benjamin Thompson
Graf von Rumford." In: Krone und Verfas-
sung. König Max I. Joseph und der neue Staat.
München 1980, S. 61 f.

Käppner, Joachim; Görl, W., Mayer, Ch.:
München. Die Geschichte der Stadt. S. 351 ff.

Kirchenasyl – ein Schutzraum mit langer
Tradition. URL: www.haufe.de/recht/kanzlei-
tipps/colours-of-law-kirchenasyl-ein-recht-
neben-demrecht_222_304382.html. Stand:
23.06.2015.

Kißener, Michael:
„Scholl, Sophie Magdalena." In: Neue Deutsche
Biographie. Band 23. Berlin 2007, S. 445 f.

Köhler, Florian:
„Münchens erstes Freibad: Die Militär-
schwimmschule auf dem Oberwiesenfeld." In:
Geschichtswerkstatt Neuhausen e.V. (Hrsg.):
Neuhauser Werkstatt-Nachrichten. Histori-
sche Zeitschrift für Neuhausen, Nymphen-
burg und Gern. Heft 28, Sommer 2012.
München 2012, S. 9–12.

Kraus, Andreas:
Grundzüge der Geschichte Bayerns.
2. Auflage Darmstadt 1992. S. 67.

Krauss, Martina:
Die königlich bayerischen Hoflieferanten.
München 2009. S. 208 ff.

Krauss-Meyl, Sylvia:
Das „Enfant Terrible" des Königshauses,
Maria Leopoldine, Bayerns letzte Kurfürstin.
Regensburg 1997.

Kuisle, Anita:
„Mannhardt, Johann." In: Neue Deutsche
Biographie. Band 16. Berlin 1990, S. 64 f.

Kümmel, Karlheinz:
„Luftschutzanlagen in Neuhausen-Nymphen-
burg". In: Geschichtswerkstatt Neuhausen
(Hrsg.): Neuhauser Werkstatt-Nachrichten.
Historische Zeitschrift für Neuhausen, Nym-
phenburg und Gern. Heft 34.
München 2015, S. 6.

Kurfürst Maximilian Emanuel von Bayern.
URL:http://www.deutsche-biographie.de/
sfz59368.html. Stand: 9.8.2015.

Landeshauptstadt München:
Kulturgeschichtspfad Schwabing-Freimann.
Stadtbezirk 12. München o.A., S. 17, 48 f.

Lauterbach, Iris:
„Sckell, Clarus Friedrich Ludwig von." In:
Neue Deutsche Biographie 24. München
2010, S. 95–97. Onlinefassung: URL: www.
deutsche-biographie.de/ppn118760262.html.
Stand: 18.6.2015.

Literaturnobelpreis.
URL: www.literaturnobelpreis.com/. Stand
23.6.2015.

Luther in Augsburg 1511.
URL: www.luther2017.de/galerien/1317-bil-
dergalerie-augsburg. Stand: 4.4.2015.

Magiera, Birgit:
Die Eskimotragödie. URL:
www.muenchen.de/rathaus/Stadtverwaltung/
Kulturreferat/Bildende-Kunst/Kunst-im-oef-
fentlichen-Raum/Muenchen-2015/Die-Eski-
motragoedie.html. Stand: 18.7.2015.

Mayer, Josef Maria:
Münchener Stadtbuch. Geschichtliche Bilder
aus dem alten München. München 1868,
S. 320–373, 374, 381 ff., 415–450.

Morscher, Wolfgang:
Der Goldschmied am Schönen Turm. URL:
www.sagen.at/texte/sagen/deutschland/bay-
ern/Altbayerische_Sagen/Goldschmied_
Turm.html. Stand: 23.6.2015.

München-Wiki:
Rumford-Denkmal. URL: www.muenchen-
wiki.de/wiki/Rumford-Denkmal. Stand:
23.6.2015.

Münchner Dom. Baugeschichte.
URL: www.muenchner-dom.de/die-kathed-
rale/geschichte/baugeschichte.html. Stand:
2.4.2015.

Münchner Merkur vom 7.4.2015.

Nemec, Norbert:
Erzherzogin Maria Annunziata (1876–1961).
Die unbekannte Nichte Kaiser Franz Josephs
I. Wien 2010, S. 93, 101 ff.

Nöhbauer, Hans F.:
Die Wittelsbacher: eine deutsche Chronik,
eine europäische Dynastie. Frankfurt 1979,
S. 217.

Nöhbauer, Hans F.:
Die Chronik Bayerns. Dortmund 1987.

NS-Dokumentationszentrum München:
Nationalsozialismus in München. URL: www.
ns-dokumentationszentrum-muenchen.de/
ns_in_muenchen/interaktive-karte. Stand:
19.7.2015.

Oktoberfest.de:
Die sechs Münchner Brauereien. URL: www.
oktoberfest.de/de/article/Das+Oktoberfest/
Bier/Die+sechs+M%C3%BCnchner+Brauere
ien/1686/. Stand: 18.7.2015.

Ortner, Eugen:
Sebastian Kneipp – Seine Lebensgeschichte.
München 1994.

Paul Heyse.
URL: www.dhm.de/lemo/biografie/paul-
heyse. Stand 23.6.2015.

Peter, Bernhard:
Kennzeichen illegitimer Geburt. URL: www.
dr-bernhard-peter.de/Heraldik/bastard.htm.
Stand: 2.5.2015.

Pflasterzoll-Ordnung der königlichen Haupt- und Residenzstadt München. Abdruck aus dem Münchener Amtsblatte Nr. 68 vom 31. August 1864. München 1864.

Pfoertner, Helga:
Mit der Geschichte leben. Mahnmale, Gedenkstätten, Erinnerungsorte für die Opfer des Nationalsozialismus in München 1933–1945. Band 2, I-P. München 2003, S. 58–60.

Quaeitzsch, Christian:
Immer Laptop und Lederhose? Oder lieber Hirsch und Helm – die Tellus Bavarica von Hubert Gerhard. URL: www.residenz-muenchen-blog.de/?p=1241. Stand: 9.5.2015.

Quaeitzsch, Christian:
Kaum Vitamine, aber viel Symbolik – ein Apfel, der es in sich hat. URL: www.residenz-muenchen-blog.de/?p=1218. Stand: 9.5.2015.

Rall, Hans und Marga:
Die Wittelsbacher. Von Otto I. bis Elisabeth I. Graz/Wien/Köln 1986.

Rall, Hans:
Zeittafeln zur Geschichte Bayerns. München 1974, Anhang, Tafel II: Die Wittelsbacher Herzöge in Bayern 1180–1503.

Rüdiger, Wilhelm:
Der Bildhauer Richard Knecht, 1887–1966. München 1968.

Schmidt, Karl:
„Krauss-Maffei". In: Historisches Lexikon Bayerns. URL: www.historisches-lexikon-bayerns.de/artikel/artikel_44907. Stand: 25.6.2015.

Schröther, Franz:
„Die Max-II-Kaserne." In: Geschichtswerkstatt Neuhausen (Hrsg.): Neuhauser Werkstatt-Nachrichten. Historische Zeitschrift für Neuhausen, Nymphenburg und Gern. Heft 10. München 2003, S. 14–16.

Schulten, Holger:
„Der Wittelsbacher-Zyklus in den Hofgartenarkaden München." In: ART-Dok. Publikationsplattform Kunstgeschichte der Universitätsbibliothek Heidelberg; URL: archiv.ub.uni-heidelberg.de/artdok/volltexte/2006/151. Stand: 13.6.2015.

Schulz, Kirsten:
„Wir sind Euer böses Gewissen!" Die Flugblätter der Weißen Rose. URL: http://www.bpb.de/geschichte/nationalsozialismus/weisse-rose/61008/die-flugblaetter-im-wortlaut. Stand: 18.7.2015.

Speer, Franziska:
„Maximilian II. Emanuel von Bayern." In: dies.: München. Eine Stadt in Biographien. Merian Porträts. München 2012, S. 10–17.

Stadtportal München:
Der Schöne Turm. URL: stadt-muenchen.net/lexikon/lex.php?fw=Der%20sch%C3%B6ne%20Turm. Stand: 24.6.2015.

Standl, Günter; Bachmann, R.:
Müller'sches Volksbad. Rosenheim 2001.

Stankiewitz, Karl:
Das Grauen überstieg alles. URL: www.bayerische-staatszeitung.de/staatszeitung/leben/detailansicht-leben-in-bayern/artikel/das-grauen-uebersteigt-alles.html. Stand: 19.7.2015.

Stankiewitz, Karl:
Die „Eskimo-Tragödie": Das Flammende Inferno. URL: www.abendzeitung-muenchen.de/inhalt.faschings-gaudi-endet-im-drama-die-eskimo-tragoedie-das-flammende-inferno.96385b8f-6d06-46d3-8d8e-2779a3bb19f7.html. Stand: 18.7.2015.

Verein für Stadtteilkultur im Münchner Nordosten:
Johann von Lamont (1805–1879). URL: www.nordostkultur-muenchen.de/biographien/lamont.htm. Stand: 9.5.2015.

Verein für Stadtteilkultur im Münchner Nordosten:
Hochstift Freising. URL: www.nordostkultur-muenchen.de/architektur/hochstift_freising_2.htm. Stand: 16.6.2015.

Verein für Stadtteilkultur im Münchner Nordosten:
Zollhäuser (im Münchner Nordosten). URL: www.nordostkultur-muenchen.de/architektur/zollhaeuser.htm. Stand: 16.6.2015.

Vogel, Susanne:
Die Wittelsbacher. Herzöge – Kurfürsten – Könige in Bayern von 1180–1918. München 2012.

Vögele, Dieter:
„Was so ein Diebstahl alles bewirkt oder wie man Schutzengel wird." Unveröffentlichtes Manuskript. München o.A.

Weidner, Christopher:
Mystische Orte in München. Wien 2013, S. 93.

Weidner, Thomas:
Rumford. Rezepte für ein besseres Leben. Katalog des Münchner Stadtmuseums. München 2014.

Weitlauff, Manfred; Stein, C. (Hrsg.):
Das Herzogliche Georgianum in München. Strukturelle Untersuchungen zu seiner historischen und gegenwärtigen Gestalt (Münchener Theologische Zeitschrift 2010/4), St. Ottilien 2010.

Wikipedia:
Erster Koalitionskrieg.
URL: https://de.wikipedia.org/wiki/Erster_Koalitionskrieg. Stand. 15.5.2015.

Wikipedia:
Große Deutsche Kunstausstellung.URL: http://de.wikipedia.org/wiki/Große_Deutsche_Kunstausstellung. Stand 18.3.2015.

Wikipedia:
Kirchenasyl. URL: https://de.wikipedia.org/wiki/Kirchenasyl. Stand: 16.5.2015.

Wikipedia:
Kurt Eisner. URL: https://de.wikipedia.org/wiki/Kurt_Eisner. Stand: 20.5.2015.

Wikipedia:
Sebastian Kneipp. URL: www.wikipedia.org/wiki/Sebastian_Kneipp. Stand: 23.3.2015.

Winterstein, Axel:
Borstei : Bernhard Borst – Leben für eine Idee. München 2005.

Wunderlich, Dieter:
Alfred Hitchcock: Psycho. URL: www.dieterwunderlich.de/Hitchcock_psycho.htm#cont. Stand: 19.7.2015.

Bildnachweise:

Dallmayr, S. 48

Kaplan, Natalia: S. 84, 130

Schlaf, Markus: S. 91, 92

Map labels:

Richtung Augsburg · Richtung Nürnberg · München Flughafen · Dachau · Richtung Passau · Fürstenfeldbruck · A8 · A9 · A99 · A94 · Germering · MÜNCHEN · A96 · A95 · A8 · Richtung Memmingen · Richtung Rosenheim

Olympiastadion · Olympiapark München · Ackerman · 26 · 24 · Schwere-Reiter · Dachauer Straße · 22 · Leonrodstraße · 8 · 46 · Nymphenburger Str. · NEUHAUSEN-NYMPHENBURG · 16 · Schlosspark Nymphenburg · Arnulfstraße · Landshuter Allee · Marsstraße · Landsberger Straße · B 2 · Hauptbahnhof · Bayerstr. · LAIM · Agnes-Bernauer-Straße · SCHWANTHALERHÖHE · Gotthardstr. · 2 · Zschokkestr. · Tübinger Str. · Theresien-wiese · Westendstraße · B 2 · Lindw · 25 · A96 · Westpark · SENDLING · 18

Legend:

1	Turmkreuz
2	Geiselstraßen
3	Bankertsbalken
4	Lamont-Grabmal
5	Turmhauben
6	Tür am Siegestor
7	Bierkrugfach 124
8	Bunker-Ausstieg
9	Arme-Sünder-Glocke
10	Türkentor
11	Dallmayr-Kaufmann
12	Gunezrainer Brücke
13	Tellus Bavarica
14	Innenhof
15	Kneipp-Tafel
16	Ehemaliger Bahndamm
17	Initialen
18	Statue
19	Supraporte
20	Kurt-Eisner-Denkmal
21	Denkmal
22	Kritzeleien
23	Grundriss im Boden
24	Skulptur
25	Anthony-Perkins-Brunnen
26	Baumreihen
27	Drei Nägel
28	Pestkreuz
29	Tor
30	Grab von Josef Pscho
31	Brezn
32	Torpfosten
33	Kanonenkugel
34	Relief
35	Treppenturm
36	Kreuzinschrift
37	Münchner Freiheit
38	Grenzstein
39	Spuren im Boden
40	Pöppelsches Waisenh
41	Zollhäuschen

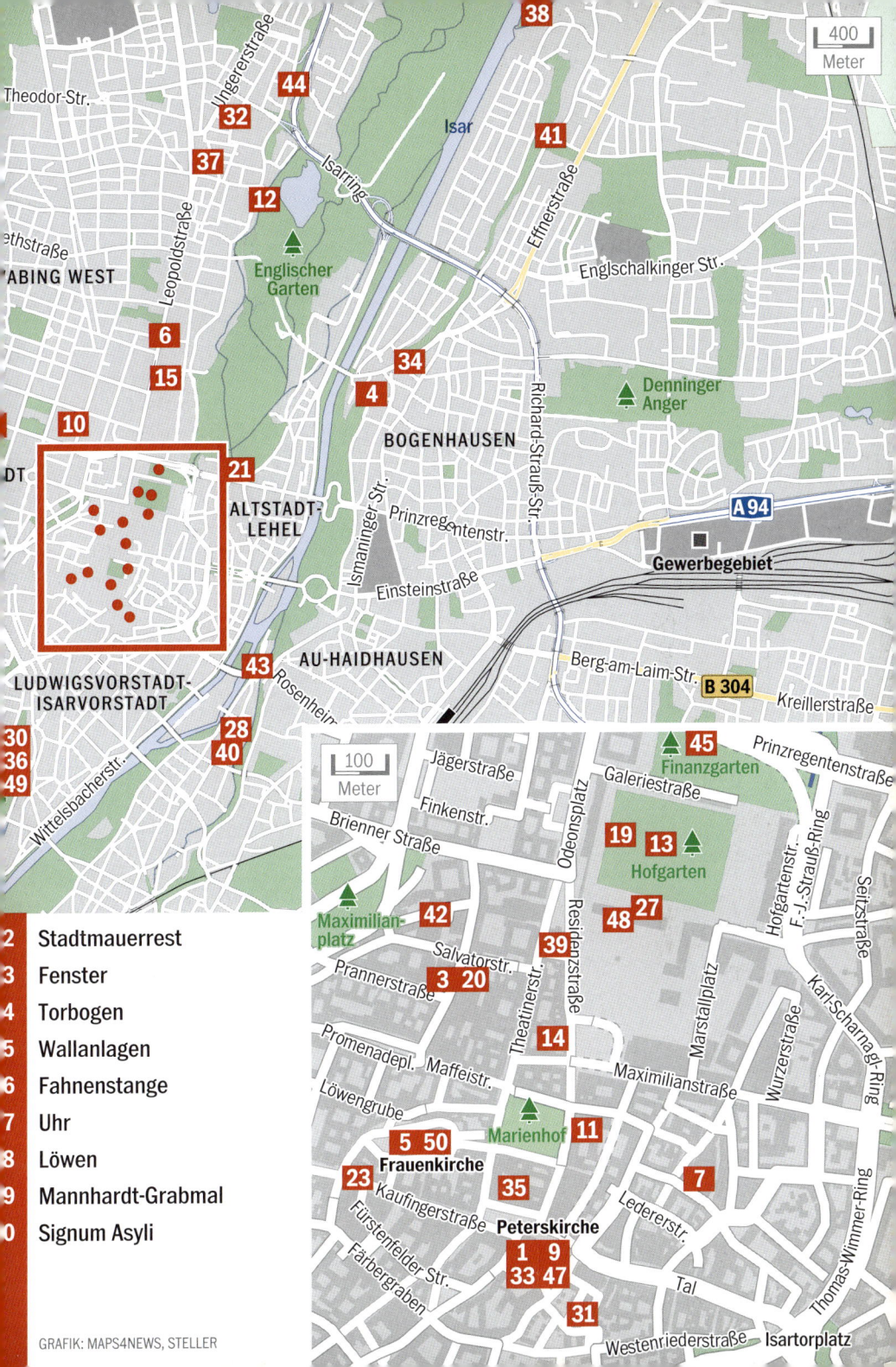

400 Meter

Theodor-Str.
Ingererstraße
Isarring
Isar
44
32
38
41
Effnerstraße
37
12
Leopoldstraße
Englischer Garten
Englschalkinger Str.
SCHWABING WEST
6
15
34
4
Denninger Anger
10
BOGENHAUSEN
A 94
21
ALTSTADT-LEHEL
Ismaninger Str.
Prinzregentenstr.
Richard-Strauß-Str.
Gewerbegebiet
Einsteinstraße
43
AU-HAIDHAUSEN
Rosenheim
Berg-am-Laim-Str.
B 304
Kreillerstraße
LUDWIGSVORSTADT-ISARVORSTADT
28
40
30 36 49
Wittelsbacherstr.

100 Meter

Jägerstraße
45
Finanzgarten
Prinzregentenstraße
Galeriestraße
Finkenstr.
Odeonsplatz
19
13
Brienner Straße
Hofgarten
Hofgartenstr.
F.-J.-Strauß-Ring
Seitzstraße
Maximilian-platz
42
48
27
Salvatorstr.
Residenzstraße
Prannerstraße
39
Theatinerstr.
Marstallplatz
Karl-Scharnagl-Ring
3
20
Promenadepl.
Maffeistr.
14
Maximilianstraße
Wurzerstraße
Löwengrube
Marienhof
11
5
50
Frauenkirche
7
23
Kaufingerstraße
Ledererstr.
Thomas-Wimmer-Ring
35
Peterskirche
Fürstenfelder Str.
Färbergraben
1 33
9 47
Tal
31
Westenriederstraße
Isartorplatz

2	Stadtmauerrest
3	Fenster
4	Torbogen
5	Wallanlagen
6	Fahnenstange
7	Uhr
8	Löwen
9	Mannhardt-Grabmal
0	Signum Asyli

GRAFIK: MAPS4NEWS, STELLER

Hier gibt es sachkundige Informationen:

Christian Dechant
Spurwechsel Stadtführungen &
Veranstaltungen GmbH
Stadtführungen mit dem Fahrrad für
„Zuagroaste" und Einheimische, München
HighlightsTour, Viktualienmarkt ProbierTour,
Führungen mit Brauereibesuch und Bierprobe
Stadtrallyes, Fahrradverleih u.v.m.
Ohlmüllerstr. 5 | 81541 München
Tel: 089/692 46 99
E-Mail: info@spurwechsel-muenchen.de
Website: www.spurwechsel-muenchen.de

Corinna Erhard
Journalistin, Stadtführerin und Buchautorin
Stadtführungen durch die Münchner
Stadtteile Altstadt, Schwabing,
Untergiesing und Westend
Website: www.stadttour-muenchen.de

**Geschichtswerkstatt Neuhausen e. V. –
Der historische Verein für den
9. Münchner Stadtbezirk**
Nymphenburger Str. 171a | 80634 München
Tel: 089/13999689
E-Mail: geschichtswerkstatt-neuhausen@web.de

Historisches Archiv Laim
Führungen, Vorträge, Rallye,
Stadtteilforschung und Geschichtsarchiv
des Stadtteils München-Laim
Byecherstraße 29a | 80689 München
Tel: 089/56 51 87
E-Mail: anno.winkler@t-online.de

Florian Scheungraber
Führungen für Erwachsene, Jugendliche und
Kinder über den Alten Südlichen Friedhof.
Asamstr. 18 | 81541 München
Mobil: 0173/5305890
Tel: 089/24402066
E-Mail: florian.scheungraber@mac.com
Website: www.florian-scheungraber.de

Andrea Lehner
Führungen-in-München;
Offizielle Gästeführerin der Stadt München;
Stadtführungen und Stadtrundfahrten, Stadt-
teil- & Themenführungen, Architekturführun-
gen, Individuelle Führungen für kleine Gruppen
Sprachen: Deutsch & Englisch
Tel: 089/10 11 93 53
E-Mail: info@fuehrungen-in-muenchen.de
Website: www.führungen-in-münchen.de

Claudia Raith
Offizielle Gästeführerin der Landeshauptstadt
München, Stadtrundgänge und Themenfüh-
rungen durchs mittelalterliche und königliche
München, Führungen durch Schlösser und
Parks oder mit Schwerpunkt, z. B. „Eigensin-
nige Münchnerinnen", Busrundfahrten
Tel: 0163/2577571
Website: www.claudiaraith.com

Dr. Uwe Gerd Schatz
Referent der Bayerischen Verwaltung der Staat-
lichen Schlösser, Garten und Seen
Tel: 089/17908317

Dr. Claudius Stein
Kunstsammlung des Herzoglichen Georgianums
Professor-Huber-Platz 1 | 80539 München
Tel: 089/28620-1 | Fax: 089/28620-210
E-Mail: info@herzogliches-georgianum.de
Website: www.herzoglichesgeorgianum.de

Dr. Michael Stephan
Stadtarchiv München
Historischer Verein von Oberbayern
Winzererstr. 68 | 80797 München
Tel: 089/233-30800
E-Mail: michael.stephan@muenchen.de
Website: www.muenchen.de/rathaus/Stadtver-
waltung/Direktorium/Stadtarchiv.html http://
www.hv-oberbayern.de/

Christopher Weidner, Mario Max,
Carola Kühberger, Manuela Haberl
Die Stadtspürer® – Unterwegs zu den
Geheimnissen der Stadt; Stadtführungen,
Touren und Events im Mystischen München
Fraunhoferstr. 13 | 80469 München
Tel: 089/27375707
E-Mail: info@stadtspuerer.de
Website: www.stadtspuerer.de
www.mystisches-muenchen.de

Christine Wiesheu
Führungen-in-München;
Offizielle Gästeführerin der Stadt München;
Stadtführungen und Stadtrundfahrten, Stadt-
teil- & Themenführungen, Architekturfüh-
rungen, Individuelle Führungen für kleine
Gruppen; Sprachen: Deutsch & Französisch
& Italienisch
Tel: 089/66 06 79 22
E-Mail: info@fuehrungen-in-muenchen.de
Website: www.führungen-in-münchen.de

....

Publikationen:

Altmann, Lothar; Kindelbacher, R.:
Der Hochaltar von St. Peter.
Aus dem Pfarrarchiv von St. Peter.
Heft 6. München 1995.

Burgmair, Wolfgang; Locher, W.:
Medizin-historischer Stadtführer
München. Von den Anfängen bis zur
Gegenwart. Lindenberg 2008.

Erhard, Corinna:
München in 50 Antworten. München 2011.

Erhard, Corinna:
München in 50 weiteren Antworten.
München 2013.

Fischer, Otto:
Was der Alte Peter erzählt. Geschichte und
Geschichten um die älteste Pfarrkirche
Münchens. München 1987.

Geschichtswerkstatt Neuhausen:
„Neuhauser Werkstatt-Nachrichten".
Historische Zeitschrift für Neuhausen,
Nymphenburg und Gern. Erscheint
zwei Mal jährlich.

Haidn, Johannes:
Die Corporis Christi Erzbruderschaft bei
St. Peter, 1609–2009. 400 Jahre Geschichte,
Glaube und Tradition. Aus dem Pfarrarchiv von
St. Peter. Heft 13. München 2010.

Haidn, Johannes; Jung, H. (Hrsg.):
München - St. Peter. Stadt- und
Kirchengeschichte(n) von den Anfängen bis zur
Gegenwart. Historische Facetten aus neun Jahr-
hunderten. Aus dem Pfarrarchiv von St. Peter.
Heft 12. München 2008.

Höntze, Ernst:
Der Wiederaufbau der Peterskirche. Aus dem
Pfarrarchiv von St. Peter. Heft 7. München 1998.

Kindelbacher, Robert:
St. Peter: Geschichte – Frömmigkeit – Zeitgeist.
Aus dem Pfarrarchiv von St. Peter. Heft 9.
München 2000.

Weidner, Christopher:
Das magische Herz Münchens: Sagen rund um
den Marienplatz. München 2014.

Weidner, Christopher:
Mystisches München. München 2012.

Weidner, Christopher:
Mystische Orte in München. Wien 2013.

Wermescher, Anne:
Der Schrenkaltar in St. Peter. Aus dem Pfarrarchiv von St. Peter. Heft 10. München 2005.

....

Besuchen Sie uns im Internet:
www.buero-bast.de

Haftungsausschluss

Trotz intensivem Austausch mit unseren Gesprächspartnern, gewissenhafter Literaturrecherche und aufmerksamem Korrekturlesen erheben wir weder einen Anspruch auf Vollständigkeit noch auf Fehlerlosigkeit. Wir haben streng darauf geachtet, keine Urheberrechte zu verletzen, unsere Recherchen sind nach bestem Wissen und Gewissen erfolgt. Dennoch übernehmen wir keinerlei Gewähr für die Aktualität, Korrektheit oder Vollständigkeit der bereitgestellten Informationen. Haftungsansprüche gegen uns schließen wir grundsätzlich aus.

GEHEIMNISSE DER HEIMAT GIBT ES IN

Aalen und Wasseralfingen
Bad Cannstatt
Bamberg

Bayreuth
Berlin
Rund um den Bodensee
– für Kinder

Esslingen
Friedrichshafen
Donaueschingen,
Bräunlingen und Hüfingen

München
Regensburg
Schwäbisch Gmünd

Villingen-Schwenningen
Würzburg

Hamburg
Hannover
Konstanz Band 1 + 2

Schwarzwald – für Kinder
Tübingen
Überlingen Band 1 + 2

Spannende Romane

Vergissmichnicht

Die Journalistin Alexandra Tuleit stößt auf einen mysteriösen Mordfall, der sich 1980 in Überlingen ereignet hat. Der Täter wurde nie gefasst. Wenig später wird ihre Informantin tot aufgefunden. Zur gleichen Zeit verschwindet in Südfrankreich eine Frau – und die Spuren führen nach Überlingen und Konstanz …

Ein spannender Krimi mit viel Lokalkolorit vor der traumhaften Kulisse des Bodensees.

Eva-Maria Bast, Vergissmichnicht: Der erste Fall für Alexandra Tuleit und Ole Strobehn. 280 Seiten. Gmeiner-Verlag 2012. ISBN: 978-3-8392-1338-4

Tulpentanz

Der junge Geliebte der Firmenchefin Helena Eichenhaun wird am Bodenseeufer tot aufgefunden. Zeitgleich verschwindet in Aalen die Pfeife des Spions – eines Wahrzeichens der Stadt. Alexandra Tuleit und Kommissar Ole Strobehn enthüllen eine unglaubliche Geschichte, die tief in die Vergangenheit führt …

Hochspannung zwischen Aalen und dem Bodensee!

Eva-Maria Bast, Tulpentanz: Der zweite Fall für Alexandra Tuleit und Ole Strobehn. 410 Seiten. Gmeiner-Verlag 2013. ISBN: 978-3-8392-1413-8

Mondjahre

Deutsches Reich 1914. Johanna, Sophie und Luise sind drei mutige, starke und schöne junge Frauen, die Zukunft liegt verheißungsvoll vor ihnen. Doch dann bricht der Krieg aus und zeigt ihnen das Leben von seiner finstersten Seite. Sophie erwartet ein Kind von einem Franzosen, der jetzt Feind ist, Luise und Johanna geraten in russische Gefangenschaft. Der Krieg verlangt ihnen alles ab. Aber er macht sie auch stärker.

Frauenschicksale in Ostpreußen und am Bodensee.

Eva-Maria Bast, Mondjahre. 466 Seiten. Gmeiner-Verlag 2014. ISBN: 978-3-8392-1545-6

Kornblumenjahre

1923 wird das Ruhrgebiet von Franzosen besetzt. Der Hass gegen sie wächst und die Bevölkerung leidet. Johanna, Luise und Sophie müssen um ihr Glück kämpfen. Am Bodensee wird auf Sophie, Mutter eines Halbfranzosen, ein Anschlag verübt und sie flieht zu Luise ins Ruhrgebiet. Als deren Gatte Siegfried jedoch davon erfährt, bedroht er die Frauen, die in ihrer Verzweiflung eine schreckliche Tat begehen. Und plötzlich begegnet Sophie ihrem einstigen Verlobten, dem Franzosen Pierre, wieder …

Teil II der großen Jahrhundert-Saga.

Eva-Maria Bast, Kornblumenjahre. 441 Seiten. Gmeiner-Verlag 2015. ISBN: 978-3-8392-1694-1